66 매일 성장하는 **초등 자기개발서** 99

ⓦ 완자

ⓠ 왜 공부력을 키워야 할까요?

쓰기력

정확한 의사소통의 기본기이며 논리의 바탕

연필을 잡고 종이에 쓰는 것을 괴로워한다!
맞춤법을 몰라 정확한 쓰기를 못한다!
말은 잘하지만 조리 있게 쓰는 것이 어렵다!
그래서 글쓰기의 기본 규칙을 정확히 알고
써야 공부 능력이 향상됩니다.

어휘력

교과 내용 이해와 독해력의 기본 바탕

어휘를 몰라서 수학 문제를 못 푼다!
어휘를 몰라서 사회, 과학 내용 이해가 안 된다!
어휘를 몰라서 수업 내용을 따라가기 어렵다!
그래서 교과 내용 이해의 기본 바탕을
다지기 위해 어휘 학습을 해야 합니다.

독해력

모든 교과 실력 향상의 기본 바탕

글을 읽었지만 무슨 내용인지 모른다!
글을 읽고 이해하는 데 시간이 오래 걸린다!
읽어서 이해하는 공부 방식을 거부하려고 한다!
그래서 통합적 사고력의 바탕인 독해 공부로
교과 실력 향상의 기본기를 닦아야 합니다.

계산력

초등 수학의 핵심이자 기본 바탕

계산 과정의 실수가 잦다!
계산을 하긴 하는데 시간이 오래 걸린다!
계산은 하는데 계산 개념을 정확히 모른다!
그래서 계산 개념을 익히고 속도와 정확성을
높이기 위한 훈련을 통해 계산력을 키워야 합니다.

세상이 변해도
배움의 즐거움은
변함없도록

시대는 빠르게 변해도
배움의 즐거움은
변함없어야 하기에

어제의 비상은
남다른 교재부터
결이 다른 콘텐츠
전에 없던 교육 플랫폼까지

변함없는 혁신으로
교육 문화 환경의 새로운 전형을
실현해왔습니다.

비상은 오늘, 다시 한번
새로운 교육 문화 환경을 실현하기 위한
또 하나의 혁신을 시작합니다.

오늘의 내가 어제의 나를 초월하고
오늘의 교육이 어제의 교육을 초월하여
배움의 즐거움을 지속하는 혁신,

바로, 메타인지 기반 완전 학습을.

상상을 실현하는 교육 문화 기업 비상

메타인지 기반 완전 학습

초월을 뜻하는 meta와 생각을 뜻하는 인지가 결합한 메타인지는
자신이 알고 모르는 것을 스스로 구분하고 학습계획을 세우도록 하는
궁극의 학습 능력입니다. 비상의 메타인지 기반 완전 학습 시스템은
잠들어 있는 메타인지를 깨워 공부를 100% 내 것으로 만들도록 합니다.

완자

공부력

초등 한국사 독해
인물편 2

초등 한국사 독해 인물편 한눈에 보기

특징과 활용법

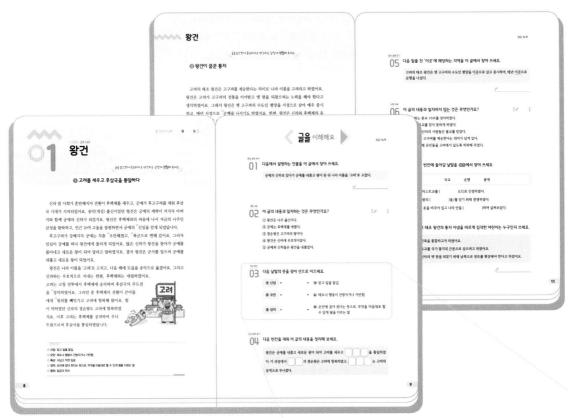

✻ 글을 읽고 문제를 풀면서
　독해 능력을 키워요.

✻ 글의 흐름을 파악하면서 한국사
　주요 사건에 대한 지식을 습득해요.

✻ 글에 나온 한국사 어휘를 다양한
　문제를 통해 재미있게 익혀요.

- ✅ **책으로 하루 4쪽 공부하며, 초등 독해력을 키워요!**
- ✅ **모바일앱으로 공부한 내용을 복습하고 몬스터를 잡아요!**

공부한 내용 **확인하기**

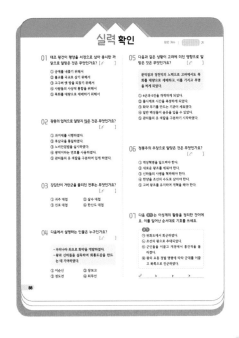

✳️ 20일 동안 공부한 내용을 정리 💡
해 보며 자기의 실력을 확인해요.

모바일앱으로 복습하기

앱 다운받기

책 인증하기

✳️ 그날 배운 내용을 바로바로,
또는 주말에 모아서 복습하고,
다이아몬드 획득까지! 💎
공부가 저절로 즐거워져요!

차례

우리도 하루 4쪽 공부 습관!
스스로 공부하는 힘을
키워 볼까요?

큰 습관이
지금은 그 친구를 이끌고 있어요.
매일매일의 좋은 습관은 우리를 좋은
곳으로 이끌어줄 거예요.

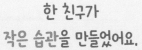

한 친구가
작은 습관을 만들었어요.

매일매일의 시간이 흘러
작은 습관은 큰 습관이 되었어요.

|시대| 고려 시대

왕건

글을 읽으면서 중요하다고 생각하는 낱말에 색칠해 보세요.

❶ 고려를 세우고 후삼국을 통일하다

　신라 말 사회가 혼란해지자 견훤이 후백제를 세우고, 궁예가 후고구려를 세워 후삼국 시대가 시작되었어요. 송악(개성) 출신이었던 왕건은 궁예의 세력이 커지자 아버지와 함께 궁예의 신하가 되었지요. 왕건은 후백제와의 싸움에 나서 지금의 나주인 금성을 함락하고, 인근 10여 고을을 점령하면서 궁예의 ^❶신임을 얻게 되었답니다.

　후고구려가 강해지자 궁예는 차츰 ^❷오만해졌고, ^❸폭군으로 변해 갔어요. 그러자 민심이 궁예를 떠나 왕건에게 쏠리게 되었어요. 많은 신하가 왕건을 찾아가 궁예를 몰아내고 새로운 왕이 되어 달라고 말하였지요. 결국 왕건은 군사를 일으켜 궁예를 내쫓고 새로운 왕이 되었어요.

　왕건은 나라 이름을 '고려'로 고치고, 다음 해에 도읍을 송악으로 옮겼어요. 그리고 신라와는 우호적으로 지내는 한편, 후백제와는 대립하였어요. 고려는 고창 전투에서 후백제에 승리하며 후삼국의 주도권을 ^❹장악하였어요. 그러던 중 후백제의 견훤이 큰아들에게 ^❺왕위를 빼앗기고 고려에 항복해 왔어요. 힘이 약하였던 신라의 경순왕도 고려에 항복하였지요. 이후 고려는 후백제를 공격하여 무너뜨림으로써 후삼국을 통일하였답니다.

❶ **신임:** 믿고 일을 맡김.
❷ **오만:** 태도나 행동이 건방지거나 거만함.
❸ **폭군:** 사납고 악한 임금
❹ **장악:** 손안에 잡아 쥔다는 뜻으로, 무엇을 마음대로 할 수 있게 됨을 이르는 말
❺ **왕위:** 임금의 자리

글을 이해해요

01 다음에서 설명하는 인물을 이 글에서 찾아 쓰세요.

> 궁예의 신하로 있다가 궁예를 내쫓고 왕이 된 뒤 나라 이름을 '고려'로 고쳤다.

_____

02 이 글의 내용과 일치하는 것은 무엇인가요? [   ]

① 왕건은 나주 출신이다.

② 궁예는 후백제를 세웠다.

③ 경순왕은 고구려의 왕이다.

④ 왕건은 신라에 우호적이었다.

⑤ 궁예와 신하들은 왕건을 내쫓았다.

03 다음 낱말의 뜻을 찾아 선으로 이으세요.

1 신임 •   • ㄱ 믿고 일을 맡김.

2 오만 •   • ㄴ 태도나 행동이 건방지거나 거만함.

3 장악 •   • ㄷ 손안에 잡아 쥔다는 뜻으로, 무엇을 마음대로 할 수 있게 됨을 이르는 말

04 다음 빈칸을 채워 이 글의 내용을 정리해 보세요.

> 왕건은 궁예를 내쫓고 새로운 왕이 되어 고려를 세우고 ⬜⬜⬜ 을 통일하였다. 이 과정에서 ⬜⬜ 의 경순왕은 고려에 항복하였고, ⬜⬜⬜ 는 고려의 공격으로 무너졌다.

왕건

글을 읽으면서 중요하다고 생각하는 낱말에 색칠해 보세요.

❷ 왕건이 꿈꾼 통치

고려의 태조 왕건은 고구려를 계승한다는 의미로 나라 이름을 고려라고 하였어요. 왕건은 고려가 고구려의 전통을 이어받고 옛 땅을 되찾으려는 노력을 해야 한다고 생각하였어요. 그래서 왕건은 옛 고구려의 수도인 평양을 서경으로 삼아 매우 중시하고, 매년 서경으로 ⑥순행을 나서기도 하였지요. 한편, 왕건은 신라와 후백제의 유민은 물론 발해의 유민들도 고려에서 살도록 허락해 주었어요.

후백제와 신라의 사람들은 불교를 믿었어요. 왕건은 백성들의 사상을 통합하고 고려를 안정된 통일 국가로 만들기 위해서 불교를 중시하였어요. 왕건은 불교를 ⑦국교로 삼고 자신도 매일 ⑧불당에 방문하여 부처에게 불공을 드렸지요. ⑨연등회와 팔관회를 잘 개최하도록 후대 왕들에게도 부탁하였고요. 왕건의 이런 정책을 ⑩숭불 정책이라고 한답니다.

왕건은 세상을 떠나기 전에 이와 같은 내용을 자신이 ⑪총애하는 신하 박술희에게 정리하도록 하였어요. 이것을 훈요 10조라고 해요. 훈요 10조를 통해 왕건이 생각한 이상적인 통치가 무엇인지 알 수 있어요.

훈요 10조

제1조
불교의 힘으로 나라를 세웠으니
사찰을 세우고 주지를 파견하여
불도를 닦도록 할 것

제5조
서경을 중시할 것

---

⑥ **순행**: 임금이 나라 안을 두루 살피며 돌아다니던 일
⑦ **국교**: 국가에서 법으로 정하여 온 국민이 믿도록 하는 종교
⑧ **불당**: 부처를 모신 집
⑨ **연등회**: 석가모니(부처)의 탄생일에 불을 켜고 복을 비는 의식
⑩ **숭불**: 부처, 불교를 높여 소중히 여김.
⑪ **총애**: 남달리 귀여워하고 사랑함.

05 다음 밑줄 친 '이곳'에 해당하는 지역을 이 글에서 찾아 쓰세요.

> 고려의 태조 왕건은 옛 고구려의 수도인 평양을 <u>이곳</u>으로 삼고 중시하여, 매년 <u>이곳</u>으로 순행을 나섰다.

✎ _____

06 이 글의 내용과 일치하지 <u>않는</u> 것은 무엇인가요? [✎]

① 박술희는 훈요 10조를 정리하였다.

② 왕건은 불교를 믿지 못하게 하였다.

③ 후백제와 신라의 사람들은 불교를 믿었다.

④ '고려'에는 고구려를 계승한다는 의미가 담겨 있다.

⑤ 왕건은 발해 유민들을 고려에서 살도록 허락해 주었다.

07 다음 문장의 빈칸에 들어갈 낱말을 보기 에서 찾아 쓰세요.

> **보기**
>
> 국교   순행   총애

1 로마는 크리스트교를 (   )(으)로 인정하였다.

2 신하들은 왕의 (   )을/를 얻기 위해 경쟁하였다.

3 왕은 가끔 옷을 바꾸어 입고 나라 안을 (   )하며 살펴보았다.

08 이 글을 읽고 태조 왕건의 통치 이념을 바르게 짐작한 어린이는 누구인지 쓰세요.

경진	민족을 통합하고자 하였어요.
영우	유교를 국가 통치의 근본으로 삼으려고 하였어요.
하영	신라의 옛 땅을 되찾기 위해 남쪽으로 영토를 확장해야 한다고 하였어요.

✎ _____

| 시대 | 고려 시대

광종

글을 읽으면서 중요하다고 생각하는 낱말에 색칠해 보세요.

❶ 왕권을 안정시킨 광종

태조 왕건이 죽고 난 후 고려에서는 왕위 계승과 관련해서 치열한 권력 투쟁이 일어났어요. 이러한 혼란 속에서 광종은 20대의 나이에 정종의 뒤를 이어 왕이 되었어요. 광종은 즉위한 뒤 왕권을 안정시키기 위한 정책을 펼쳤어요. 그는 '광덕'이라는 ^❶연호를 사용하고, 자신이 황제임을 선포하였는데요. 이는 고려가 중국의 왕조들과 ^❷대등한 황제국임을 선포한 것이에요.

광종은 당시에 강력한 힘을 가졌던 ^❸호족 세력을 약화하기 위해 노비안검법을 실시하였어요. 노비안검법은 후삼국을 통일하는 과정에서 ^❹포로로 잡혔거나 빚을 갚지 못하여 억울하게 노비가 된 사람을 해방시킨 정책이었어요. 이 법이 실행되어 많은 사람들이 양인으로 신분이 회복되면서 호족들의 경제적·군사적 ^❺기반이 크게 약화되었답니다.

또한 광종은 관리들의 옷 색깔을 정하였어요. 당시에는 관리들의 복장이 통일되지 않았었거든요. 광종은 옷 색깔을 네 가지로 구분하여 관리의 등급에 따라 서로 다른 색의 옷을 입게 하였어요. 그러자 옷의 색으로 관리들의 구분이 쉬워져 관리들 사이에 질서가 잡히고, 왕을 중심으로 한 정치 체제가 안정되어 갔답니다.

---

❶ **연호**: 임금이 즉위한 해에 붙이던 칭호
❷ **대등**: 서로 견주어 높고 낮음이나 낮고 못함이 없이 비슷함.
❸ **호족**: 신라 말기에서 고려 초기에 사회 변동을 주도적으로 이끈 지방 세력
❹ **포로**: 사로잡은 적
❺ **기반**: 기초가 되는 바탕. 또는 사물의 토대

중심 낱말 찾기

01 다음에서 설명하는 제도를 이 글에서 찾아 쓰세요.

> 광종이 억울하게 노비가 된 사람을 양인으로 해방시킨 제도이다.

내용 이해

02 이 글의 내용과 일치하면 ○, 일치하지 않으면 ✕에 표시하세요.

1 광종은 연호를 사용하였다. [○ / ✕]

2 광종은 자신이 황제임을 선포하였다. [○ / ✕]

3 정종은 광종의 뒤를 이어 왕이 되었다. [○ / ✕]

4 노비안검법은 호족의 경제적 기반을 강화하였다. [○ / ✕]

어휘 확인

03 다음 낱말의 뜻을 찾아 선으로 이으세요.

1 기반 •   • ㉠ 사로잡은 적

2 대등 •   • ㉡ 기초가 되는 바탕. 또는 사물의 토대

3 포로 •   • ㉢ 서로 견주어 높고 낮음이나 낫고 못함이 없이 비슷함.

중심 내용 찾기

04 다음 빈칸을 채워 이 글의 내용을 정리해 보세요.

> ☐☐은 연호를 사용하고, 노비안검법 및 관리들의 옷 색깔을 구분하여 입게 하는 정책을 실시하여 ☐☐을 안정시키고자 하였다.

광종

❷ 과거제를 시행하다

광종이 고려를 다스리던 시기에 중국 ^❻후주의 사절단이 고려에 도착하였어요. 이 사절단 중에 쌍기라는 사람이 있었는데, 쌍기는 고려에 왔다가 몸이 아파서 ^❼일행들과 함께 후주로 돌아가지 못하였답니다. 그래서 쌍기는 고려에 남아 광종을 도와 여러 가지 제도 개혁을 이끌었어요.

쌍기는 광종에게 새로운 ^❽인재를 선발하기 위한 제도로 과거제의 시행을 추천하였어요. 과거제는 시험을 통해 관리를 뽑는 제도로, 주로 유학과 관련된 내용을 시험하였어요. 광종은 쌍기의 건의를 받아들이고자 하였어요. 하지만 기존의 호족과 공신들은 이 제도의 시행을 반대하였는데, 과거제가 시행되면 더 이상 자신들의 권력을 ^❾세습할 수 없었기 때문이에요. 여러 반대에도 불구하고 광종은 과거제를 시행하였어요. 최초로 열린 과거 시험의 출제와 감독은 쌍기가 맡았답니다.

광종은 과거제를 시행하여 유교적 지식과 능력을 지닌 사람을 관리로 선발할 수 있었고, 지금까지 벼슬을 세습하던 호족과 공신 세력을 제압할 수 있었어요. 이는 왕권을 강화하는 데 도움이 되었지요. 고려의 광종 때 처음 시행된 과거제는 조선 시대까지 ^❿지속적으로 시행되었답니다.

---

❻ **후주**: 중국에서 당나라가 망하고 세워진 여러 왕조 중 하나
❼ **일행**: 함께 길을 가는 사람들의 무리
❽ **인재**: 어떤 일을 할 수 있는 학식이나 능력을 갖춘 사람
❾ **세습**: 한집안의 재산이나 신분, 직업 따위를 대대로 물려주고 물려받음.
❿ **지속**: 어떤 상태가 오래 계속됨. 또는 어떤 상태를 오래 계속함.

정답 97쪽

05 다음 내용에 해당하는 낱말을 이 글에서 찾아 쓰세요.

① 중국 후주 사람으로 광종을 도와 고려의 개혁을 이끌었다. ☐☐

② 광종 때 실시한 제도로, 시험을 통해 관리를 뽑는 제도이다. ☐☐☐

06 고려 호족과 공신들이 과거제 시행을 반대한 까닭으로 알맞은 것은 무엇인가요?

[✐]

① 자신들의 노비를 잃게 되기 때문에

② 왕권을 약화할 수 있는 제도이기 때문에

③ 자신들의 권력 세습이 어려워지기 때문에

④ 과거제에서 유학과 관련된 내용을 시험하였기 때문에

⑤ 과거제를 제안한 쌍기가 우리나라 사람이 아니기 때문에

07 다음 문장의 빈칸에 들어갈 낱말을 보기에서 찾아 쓰세요.

> **보기**
>
> 세습   일행   지속

① 줄넘기는 내가 5년 전부터 (   )해 온 운동이다.

② 그의 직업은 집안에서 대대로 (   )되어 온 일이다.

③ 이번 여행에서는 (   )이 많아서 의견을 하나로 모으기 어려웠다.

08 고려의 과거제를 평가한 내용으로 가장 알맞은 것은 무엇인가요? [✐]

① 민족 통합에 힘쓴 정책이다.

② 출신 가문을 중시하는 정책이다.

③ 불교를 장려하고 숭상하는 정책이다.

④ 고구려 계승 의식을 강조하는 정책이다.

⑤ 능력에 따라 인재를 등용하는 정책이다.

| 시대 | 고려 시대

강감찬

글을 읽으면서 중요하다고 생각하는 낱말에 색칠해 보세요.

❶ 신비한 탄생 이야기

　고려 시대 ^❶외적의 침입을 물리친 강감찬 장군은 출생과 관련해 재미있는 이야기가 전해 내려오고 있어요. 강감찬의 아버지는 지금의 서울특별시 금천구와 관악구 ^❷일대인 금주에 살고 있었어요. 어느 날 밤 우리나라에 머물던 중국의 ^❸사신이 금주를 지날 때 밤하늘에서 큰 별이 떨어지는 것을 보았어요. 하늘의 별은 산 밑에 있는 어느 집 위로 떨어졌는데, 이를 신기하게 ^❹여긴 사신은 사람을 보내 방금 별이 떨어진 곳을 찾아보게 하였답니다.

　중국의 사신이 별이 떨어진 집을 찾아갔더니, 그 집에는 사내아이가 태어나 있었어요. 사신은 사내아이의 아버지에게 별이 떨어진 이야기를 들려주며, 아이가 장차 큰 인물이 될 것이라고 이야기해 주었어요. 이 아이가 ^❺훗날의 강감찬 장군이에요.

　강감찬의 탄생 이야기 때문에 사람들은 강감찬이 태어난 곳을 '별이 떨어진 자리'라는 뜻의 '낙성대'라고 부르게 되었어요. 오늘날 서울특별시 관악구의 낙성대가 바로 그곳이랍니다.

❶ **외적**: 외국으로부터 쳐들어오는 적
❷ **일대**: 일정한 범위의 어느 지역 전부
❸ **사신**: 임금이나 국가의 명령을 받고 외국에 사절로 가는 신하
❹ **여기다**: 마음속으로 그러하다고 인정하거나 생각하다.
❺ **훗날**: 시간이 지나 뒤에 올 날

글을 이해해요

정답 98쪽

중심 낱말 찾기

01 다음에서 설명하는 인물을 이 글에서 찾아 쓰세요.

고려 시대 외적의 침입을 물리친 장군으로, 낙성대에 얽힌 탄생 이야기가 전해진다.

내용 이해

02 이 글의 내용과 일치하는 것은 무엇인가요? [✎]

① 강감찬이 태어나던 날 전쟁이 났다.

② 강감찬의 아버지는 황해도에 살았다.

③ 강감찬은 커서 고려의 장군이 되었다.

④ 강감찬이 태어난 곳은 오늘날 금주라고 불린다.

⑤ 사신은 강감찬의 아버지에게 허약한 아이가 태어날 것이라고 하였다.

어휘 확인

03 다음 밑줄 친 낱말과 바꾸어 쓸 수 있는 낱말은 무엇인가요? [✎]

가게의 주인은 그 남자를 범인이라고 <u>여기고</u> 있었지만, 경찰이 범인으로 지목한 사람은 그 남자가 아니었다.

① 비판하고 ② 생각하고 ③ 예언하고

④ 옹호하고 ⑤ 주도하고

중심 내용 찾기

04 다음 빈칸을 채워 이 글의 내용을 정리해 보세요.

고려의 강감찬이 태어나던 날 밤에 하늘에서 큰 ☐ 이 떨어졌다는 이야기가 전해져서, 강감찬 장군이 태어난 곳을 ☐☐☐ 라고 부르게 되었다.

강감찬

❷ 거란군을 물리치다

어려서부터 학문을 좋아하였던 강감찬은 983년 과거 시험에 합격하여 [6]벼슬길에 올랐어요. 그리고 1018년 서경 [7]유수로 [8]부임하였지요. 그 해 12월 거란의 소배압이 10만 대군을 이끌고 고려를 침공하자, 강감찬은 20만 대군을 이끌고 거란군에 맞서 싸웠어요. 강감찬은 흥화진에서 소가죽을 꿰어 강을 막고 거란군을 기다렸어요. 그리고 거란군이 강을 반쯤 건넜을 때 막아 둔 강물을 터트려 적을 혼란에 빠뜨리고, 미리 숨겨둔 군사들에게 거란군을 공격하도록 하여 적군에 큰 피해를 주었답니다.

강감찬이 이끄는 고려군의 공격으로 큰 피해를 본 소배압은 남은 군대를 거느리고 고려의 도읍인 개경을 공격하였어요. 하지만 개경을 함락하는 데 실패하였지요. 군대의 [9]손실이 커진 거란군은 결국 후퇴를 결정하였어요.

강감찬은 압록강 근처 귀주에서 후퇴하는 거란군을 기다렸어요. 그리고 거센 바람이 거란군 쪽을 향해 불기 시작하자 거란군에 공격을 퍼부어 거란군을 크게 무찔렀지요. 거란의 10만 대군 중에서 살아 돌아간 거란군은 겨우 2천여 명에 불과하였다고 해요. 이 전투가 1019년에 일어난 귀주 [10]대첩이에요.

바람이 거란군 쪽으로 분다. 화살을 쏘아라!

고려

거란

---

[6] **벼슬길**: 관청에 나가서 나랏일을 맡아보는 벼슬아치 노릇을 하는 길

[7] **유수**: 고려 시대 서경 등 중요 지역을 다스렸던 벼슬

[8] **부임**: 임명이나 발령을 받아 근무할 곳으로 감.

[9] **손실**: 잃어버리거나 축나서 손해를 봄. 또는 그 손해

[10] **대첩**: 크게 이김. 또는 큰 승리

중심 내용 찾기

05 다음에서 설명하는 사건을 이 글에서 찾아 쓰세요.

> 강감찬이 이끄는 고려군이 압록강 근처에서 후퇴하는 거란군을 크게 무찌른 전투이다.
> 이 전투에서 살아 돌아간 거란군은 2천여 명에 불과하였다.

내용 이해

06 다음 사건이 일어난 순서에 맞게 번호를 쓰세요.

강감찬이 서경 유수로 부임하였다.

거란의 소배압이 고려의 개경을 공격하였다.

강감찬은 흥화진에서 거란군에 큰 피해를 주었다.

강감찬은 거란군을 귀주에서 공격하여 거란군을 크게 무찔렀다.

어휘 확인

07 다음 낱말의 뜻을 찾아 선으로 이으세요.

1 부임 •
2 손실 •

• ㄱ 임명이나 발령을 받아 근무할 곳으로 감.
• ㄴ 잃어버리거나 축나서 손해를 봄. 또는 그 손해

내용 추론

08 이 글을 바탕으로 강감찬에 대해 바르게 평가한 어린이는 누구인지 쓰세요.

동우	뛰어난 전술을 구사하였어.
미진	외교술이 빼어난 사람이었어.
진영	글공부보다 무예를 중시하였어.

|시대| 고려 시대

최무선

글을 읽으면서 중요하다고 생각하는 낱말에 색칠해 보세요.

❶ 우리나라 최초의 화약 개발

　고려의 한 남자가 ^❶벽란도에 도착한 배에서 내리는 사람들을 붙잡고 무언가를 물어보고 있어요. 그는 최무선으로, 중국 배가 도착할 때마다 항구에서 염초 만드는 법에 관해서 묻고 있었던 거예요. 염초는 유황, 숯과 함께 화약을 만들 때 꼭 필요한 재료였거든요. 그러던 어느 날 최무선은 중국에서 온 이원이라는 사람을 만났어요. 이원은 최무선에게 염초 만드는 법을 알려 줄 수 있다고 하였지요. 최무선은 뛸 듯이 기뻐하며 이원에게서 염초 만드는 법을 ^❷전수받았어요. 그리고 이를 활용하여 우리나라 최초로 화약을 개발하는 데 성공하였답니다.

　최무선은 고려 말 왜구들의 침입으로 백성들이 고통받는 현실을 바꾸고 싶어 하였어요. 그는 화약이 왜구를 ^❸격퇴하는 데 중요하게 쓰일 것이라고 확신하였지요. 처음에 고려의 왕과 신하들은 화약 만드는 일에 무관심하였어요. 중국에서 수입해서 쓰면 된다고 생각하였기 때문이에요. 하지만 최무선은 왕과 신하들을 열심히 ^❹설득하였어요. 마침내 우왕 때 화약 및 화약 무기의 제조를 ^❺담당하는 화통도감이 만들어지게 되었답니다.

---

❶ **벽란도:** 고려 시대 예성강 하구의 무역항이자 요충지
❷ **전수:** 기술이나 지식 따위를 전하여 받음.
❸ **격퇴:** 적을 쳐서 물리침.
❹ **설득:** 상대편이 이쪽 편의 이야기를 따르도록 여러 가지로 깨우쳐 말함.
❺ **담당:** 어떤 일을 맡음.

중심 낱말 찾기

01 다음에서 설명하는 곳을 이 글에서 찾아 쓰세요.

> 고려 시대 화약 및 화약 무기의 제조를 담당한 곳으로, 최무선의 노력으로 우왕 때 설치되었다.

✎ _____

내용 이해

02 이 글을 읽고 알 수 있는 내용으로 알맞지 <u>않은</u> 것은 무엇인가요? [✎]

① 고려의 대표적인 무역항
② 화약 무기의 종류와 특징
③ 화약을 만들 때 필요한 원료
④ 고려 시대 무기 제조를 담당한 관청
⑤ 최무선에게 염초 만드는 법을 알려 준 중국 사람

어휘 확인

03 다음 낱말의 뜻을 찾아 선으로 이으세요.

1 격퇴 •
2 설득 •
3 전수 •

• ㄱ 적을 쳐서 물리침.

• ㄴ 기술이나 지식 따위를 전하여 받음.

• ㄷ 상대편이 이쪽 편의 이야기를 따르도록 여러 가지로 깨우쳐 말함.

중심 내용 찾기

04 다음 빈칸을 채워 이 글의 내용을 정리해 보세요.

> ☐☐☐ 은 중국에서 온 이원으로부터 염초 만드는 법을 배워 우리나라 최초로 ☐☐ 개발에 성공하였다. 이후 고려에서는 최무선의 설득에 힘입어 화통도감이 만들어졌다.

최무선

글을 읽으면서 중요하다고 생각하는 낱말에 색칠해 보세요.

② 진포 대첩에서 왜구를 물리치다

　화통도감에서는 최무선의 지휘 아래 여러 가지 화약 무기를 개발하였어요. 그러던 어느 날, 왜구가 진포 해안으로 몰려들어 불을 지르고 ⁶약탈을 일삼는다는 소식이 개경으로 전해졌어요. ⁷조정은 최무선을 책임자로 삼아 화약 무기로 훈련된 군대를 지휘하게 하였어요.

　최무선은 고려의 군대를 이끌고 금강 하류에 도착하였어요. 고려군이 탄 배에는 화포와 같이 화약을 이용한 무기가 실려 있었지요. 왜구들은 밧줄로 배를 서로 연결하여 묶어 둔 채 육지로 올라와 약탈을 하고 있었어요. 최무선이 이끄는 고려군은 왜구의 배를 향해 화포를 쏘아 대었어요. 그러자 ⁸정박해 있던 왜구의 배가 불타고 가라앉아 버렸는데, 그 수가 수백 척에 ⁹달하였답니다. 고려의 배는 왜구의 배보다 수가 적었지만 고려군은 화포가 있었기 때문에 승리할 수 있었던 거예요. 이 전투를 진포 대첩이라고 해요.

　진포 대첩은 고려군이 해전에서 최초로 화포를 사용한 전투였어요. 왜구는 이 전투의 패배로 큰 ¹⁰타격을 입었고, 이후 고려를 쉽게 쳐들어오지 못하였답니다.

---

⑥ **약탈**: 폭력을 써서 남의 것을 억지로 빼앗음.

⑦ **조정**: 임금이 나라의 정치를 의논 또는 집행하는 곳

⑧ **정박**: 배가 닻을 내리고 머무름.

⑨ **달하다**: 일정한 표준, 수량, 정도 따위에 이르다.

⑩ **타격**: 어떤 일에서 크게 기를 꺾음. 또는 그로 인한 손해나 손실

중심 낱말 찾기
05 다음에서 설명하는 사건을 이 글에서 찾아 쓰세요.

> 최무선이 이끄는 고려군이 금강 하류에서 왜구의 배를 향해 화포를 쏘아 왜구의 배 수백 척이 가라앉은 전투로, 고려군이 해전에서 화포를 사용한 최초의 전투이다.

내용 이해
06 이 글의 내용과 일치하지 <u>않는</u> 것은 무엇인가요? [   ]

① 진포 대첩에서 고려군은 화포를 사용하였다.
② 최무선은 화통도감에서 화약 무기를 개발하였다.
③ 왜구는 진포 해안에서 불을 지르고 약탈을 하였다.
④ 진포 대첩에서 고려의 배는 왜구의 배보다 훨씬 많았다.
⑤ 최무선이 이끄는 고려군의 공격으로 왜구의 배 수백 척이 불타 가라앉았다.

어휘 확인
07 다음 문장의 빈칸에 들어갈 낱말을 **보기** 에서 찾아 쓰세요.

> **보기**
>
> 약탈   조정   타격

1 도적들은 어두운 밤을 이용하여 (   )을 일삼았다.

2 인조반정은 (   )의 신하들이 광해군을 몰아낸 사건이다.

3 오랫동안 이어진 가뭄은 농산물 수확에 큰 (   )을 주었다.

내용 추론
08 다음 글을 참고하여 진포 대첩이 우리나라 전쟁 역사에서 가지는 의의를 이 글에서 찾아 쓰세요.

> 의의란 어떤 사실이나 행위가 갖는 중요성이나 가치를 말한다.

|시대| 고려 시대

문익점

글을 읽으면서 중요하다고 생각하는 낱말에 색칠해 보세요.

❶ 목화 재배에 성공하다

고려의 문익점은 중국 원나라에 사신으로 가게 되었어요. 그곳에서 ❶탐스러운 목화밭을 보게 되었지요. 문익점은 고려도 원나라처럼 목화를 대량으로 ❷재배할 수 있다면 백성의 삶이 더 좋아질 것이라고 생각하였어요. 그래서 문익점은 대량 재배가 가능하도록 ❸개량된 원나라의 목화씨를 가지고 고려로 돌아왔어요.

고려에 온 문익점은 따뜻한 남쪽 지방에서 목화를 키우기 위해 경상남도 산청으로 갔어요. 그리고 농업에 ❹박식하였던 장인 정천익과 함께 원나라에서 가져온 목화씨를 나누어서 심었어요. 문익점과 정천익은 목화를 정성껏 길렀지만, 이들은 재배 방법을 제대로 알지 못하였어요. 결국 ㉠ 목화는 거의 ❺시들어 버리고, 한 그루만 살아남았지요. 문익점은 포기하지 않고 한 그루의 목화에서 나온 씨앗을 다음 해에 다시 심어 키웠어요. 그리고 마침내 더 많은 목화씨를 얻게 되었어요. 기후와 토양이 다른 땅에서도 목화씨를 재배하는 데 성공한 것이에요. 이 경험을 바탕으로 문익점과 정천익은 열심히 목화를 키웠고, 3년 뒤에는 마을 사람들에게 나누어 줄 정도로 많은 목화씨가 생겼답니다.

한 그루가 살아남았어요!

---

❶ **탐스럽다:** 가지거나 차지하고 싶은 마음이 들 정도로 보기가 좋고 끌리는 데가 있다.

❷ **재배:** 식물을 심어 가꿈.

❸ **개량:** 나쁜 점을 보완하여 더 좋게 고침.

❹ **박식:** 지식이 넓고 아는 것이 많음.

❺ **시들다:** 꽃이나 풀 따위가 말라 생기가 없어지다.

01 이 글의 내용과 일치하도록 괄호 안의 낱말 중 알맞은 것에 ○표 하세요.

1 문익점은 목화를 재배하기 위해 [따뜻한, 서늘한] 남쪽 지방으로 갔다.

2 [문익점, 정천익]은 원나라에 사신으로 갔다가 목화씨를 가지고 고려에 돌아왔다.

02 이 글의 내용과 일치하는 것은 무엇인가요? [✐]

① 정천익은 문익점의 장인이다.

② 문익점은 목화 재배를 포기하였다.

③ 정천익은 원나라에서 목화씨를 가져왔다.

④ 문익점은 원나라의 사신으로 고려에 왔다.

⑤ 원나라에서 가져온 목화씨는 모두 재배에 실패하였다.

03 다음 밑줄 친 낱말과 바꾸어 쓸 수 있는 낱말은 무엇인가요? [✐]

나의 어머니는 식물에 <u>박식</u>하고 애정이 깊다. 그래서 우리 집에는 다양한 종류의 식물이 자라고 있다.

① 가식   ② 유명   ③ 유식   ④ 유연   ⑤ 휴식

04 이 글을 읽고 ㉠과 같은 상황이 벌어진 까닭을 <u>잘못</u> 짐작한 어린이는 누구인지 쓰세요.

승우	고려와 원나라의 기후, 토양이 달랐기 때문이에요.
정원	고려 사람들이 목화 재배에 반대하였기 때문이에요.
지훈	문익점과 정천익이 목화 재배 방법을 잘 몰랐기 때문이에요.

문익점

글을 읽으면서 중요하다고 생각하는 낱말에 색칠해 보세요.

② 의생활을 바꾸다

문익점의 노력으로 목화를 대량으로 재배하는 일은 성공을 거두었어요. 그런데 목화에서 실을 뽑는 일은 무척 어려운 일이었어요. 목화 속에는 솜과 씨가 들어있는데, 그 씨를 일일이 손으로 제거하는 일은 힘들고 시간이 오래 걸리는 일이었거든요.

어느 날 원나라의 승려 홍원이 문익점이 사는 동네를 걷다가 주변에 목화가 많이 피어 있는 것을 보고 신기하게 여겼어요. 정천익의 눈에는 목화를 ^⑥유심히 보고 있는 승려가 ^⑦범상치 않아 보였지요. 정천익과 문익점은 홍원을 집으로 모셔 ^⑧극진히 ^⑨대접하였어요. 그리고 홍원으로부터 목화를 활용하는 방법을 많이 배웠어요. 이제 정천익은 씨아라는 기구로 목화송이에서 씨를 제거하고, 솜으로 물레를 이용해 무명실을 만드는 방법을 알게 되었어요. 또 무명실을 가지고 베틀로 ^⑩무명을 짜는 방법도 알게 되었지요. 정천익은 집안의 노비에게 방법을 알려 주고 무명을 만들게 하였어요.

문익점과 정천익은 무명 만드는 법을 열심히 전하였어요. 이에 힘입어 전국 곳곳에서 무명옷을 만들어 입게 되었지요. 무명이 보급되면서 일반 백성들도 겨울에 솜옷을 입고, 솜이불을 덮을 수 있게 되어 많은 사람이 겨울을 따뜻하게 보내게 되었답니다.

---

⑥ **유심히**: 주의가 깊게

⑦ **범상하다**: 중요하게 여길 만하지 아니하고 예사롭다.

⑧ **극진히**: 어떤 대상에 대하여 정성을 다하는 태도가 있게

⑨ **대접**: 마땅한 예로써 대함.

⑩ **무명**: 무명실로 짠 천으로, 면포, 목면 등으로도 불림.

중심 낱말 찾기

05 다음 ㄱ, ㄴ에 들어갈 낱말을 이 글에서 찾아 각각 쓰세요.

> 목화송이에서 씨를 제거하는 기구는 (ㄱ   )이고, 솜으로 무명실을 만드는
> 기구는 (ㄴ   )이다.

✎ ㄱ: _____   ㄴ: _____

내용 이해

06 이 글의 내용과 일치하면 ○, 일치하지 않으면 ✕에 표시하세요.

① 목화 속에는 솜과 씨가 들어있다. [○ / ✕]

② 무명이 보급되면서 일반 백성들도 솜이불을 덮게 되었다. [○ / ✕]

③ 정천익과 문익점은 집안의 노비에게 목화 활용 방법을 배웠다. [○ / ✕]

어휘 확인

07 다음 낱말의 뜻을 찾아 선으로 이으세요.

① 대접	•		•	ㄱ 주의가 깊게
② 극진히	•		•	ㄴ 마땅한 예로써 대함.
③ 유심히	•		•	ㄷ 어떤 대상에 대하여 정성을 다하는 태도가 있게

중심 내용 찾기

08 이 글의 중심 내용이 드러나도록 제목을 정할 때 알맞은 것을 보기 에서 두 가지 골라 기호를 쓰세요.

> **보기**
> ㉠ 무명옷을 대중화한 문익점
> ㉡ 홍원을 극진히 대접한 문익점
> ㉢ 귀족들의 의복 생활에 큰 도움을 준 문익점
> ㉣ 일반 백성들이 따뜻한 겨울을 나도록 해 준 문익점

✎ _____ , _____

|시대| 고려 시대

정몽주

글을 읽으면서 중요하다고 생각하는 낱말에 색칠해 보세요.

❶ 왜구로부터 백성들을 구출하다

1337년 고려에서 태어난 정몽주는 어려서부터 ❶총명하였어요. 그는 24세에 과거 시험을 우수한 성적으로 통과하였지요. 관리가 된 뒤에 그는 여러 일을 하였는데, 일본과의 외교 협상에서도 크게 활약하였답니다.

정몽주가 관리로 지낸 고려 말에는 왜구가 고려 백성들을 일본으로 납치해 가기 일쑤였어요. 정몽주는 고려의 백성들을 일본에서 데려올 방법을 고민하였지요. 그러던 중에 정몽주는 고려를 대표하는 사절단으로 일본에 가게 되었어요. 그는 고려를 약탈하는 왜구 때문에 고려와 일본의 외교가 어렵다고 이야기하며 협상을 시도하였어요. 그 결과 정몽주는 일본의 책임자로부터 왜구를 ❷단속하겠다는 약속을 받고, 왜구에 잡혀갔던 고려인 수백 명을 데리고 귀국하였답니다.

한편, 일본 사람들은 정몽주의 ❸학식에 깜짝 놀랐다고 해요. 학문에 뛰어났던 정몽주가 일본인들이 묻는 것에 척척 대답해 주었거든요. 일본인들은 매일 정몽주 곁에 모여서 시를 청하고, 주변 ❹명승지를 구경시켜 주었어요. 지금도 일본 규슈에 가면 정몽주와 관련된 ❺유적지들을 찾아볼 수 있답니다.

---

❶ 총명: 썩 영리하고 재주가 있음.
❷ 단속: 주의를 기울여 다잡거나 보살핌.
❸ 학식: 학문과 식견을 통틀어 이르는 말
❹ 명승지: 경치가 좋기로 이름난 곳
❺ 유적: 남아 있는 자취. 건축물이나 싸움터 또는 역사적인 사건이 벌어졌던 곳이나 무덤 등을 이름.

01 다음에서 설명하는 인물을 이 글에서 찾아 쓰세요.

> 고려의 사절단으로 일본에 방문하여 협상을 통해 왜구를 단속하겠다는 약속을 받고, 왜구에 잡혀갔던 고려인들을 데리고 귀국하였다.

✎ _____

02 이 글의 내용과 일치하는 것은 무엇인가요? [✎   ]

① 정몽주는 일본에 불교를 전해 주었다.

② 정몽주는 고려의 사절단으로 일본에 갔다.

③ 정몽주는 일본 사람들의 학식에 깜짝 놀랐다.

④ 정몽주는 20세가 되기 전에 과거 시험을 통과하였다.

⑤ 일본 책임자는 정몽주에게 고려인을 단속하겠다고 약속하였다.

03 다음 낱말의 뜻을 찾아 선으로 이으세요.

1 총명 •   • ㄱ 경치가 좋기로 이름난 곳

2 학식 •   • ㄴ 썩 영리하고 재주가 있음.

3 명승지 •   • ㄷ 학문과 식견을 통틀어 이르는 말

04 다음 빈칸을 채워 이 글의 내용을 정리해 보세요.

> 어려서부터 총명하여 24세에 과거 시험을 통과한 정몽주는 고려의 관리가 된 뒤에 ☐☐과의 협상에서 크게 활약하였다. 정몽주가 고려를 대표하는 ☐☐☐으로 일본에 갔을 때 일본 사람들은 정몽주의 학식에 깜짝 놀랐고, 지금도 일본 규슈에는 정몽주와 관련된 유적지들이 있다.

정몽주

글을 읽으면서 중요하다고 생각하는 낱말에 색칠해 보세요.

② 고려의 충신

고려 말에는 외적의 침입을 많이 받았고, 나라 안에서도 권력을 가진 사람들의 횡포가 심해 사회가 혼란하였어요. 이러한 상황에서 정몽주, 이성계 등은 고려를 개혁하고자 힘을 합하였지요. 정몽주와 이성계 [6]일파는 고려의 창왕을 폐하고 공양왕을 세우는 일에 앞장섰어요.

정몽주는 새롭게 왕이 된 공양왕이 고려 사회의 여러 문제를 해결하고 고려를 강하게 만들 것이라고 생각하였어요. 하지만 이성계 일파는 고려 왕조를 없애고, 새로운 왕조를 세워야 한다고 주장하였지요. 고려 왕조를 유지하며 개혁을 해야 한다고 생각한 정몽주는 [7]역성혁명을 [8]도모하는 이성계 일파와 사이가 점점 멀어졌어요.

어느 날 정몽주는 이성계에게 병문안을 갔어요. 이날 이성계의 아들인 이방원은 정몽주가 자신들과 함께 역성혁명을 할 것인지 시험하기로 하였어요. 이방원은 정몽주에게 「하여가」라는 시조로 함께 새 왕조를 [9]개창하자고 이야기하였어요. 이에 정몽주는 「단심가」라는 시조를 지어 자신에게는 고려뿐임을 밝혔지요. 정몽주의 생각이 [10]확고하다는 사실을 깨달은 이방원은 부하들을 보내 정몽주를 공격하게 하였고, 결국 정몽주는 죽고 말았답니다.

함께 새로운 세상을 만드시지요.

나에겐 고려뿐이라네.

---

[6] **일파**: 주의, 주장 또는 목적을 같이하여 모인 한 동아리
[7] **역성혁명**: 왕조가 바뀌는 일
[8] **도모**: 어떤 일을 이루기 위하여 대책과 방법을 세움.
[9] **개창**: 새로 시작하거나 엶. 또는 그렇게 세움.
[10] **확고하다**: 태도나 상황 따위가 튼튼하고 굳다.

정답 101쪽

05 다음 빈칸에 공통으로 들어갈 낱말을 이 글에서 찾아 쓰세요.

> 이성계 일파는 (   ) 왕조를 없애고 새로운 왕조를 세워야 한다고 하였지만,
> 정몽주는 (   ) 왕조를 유지하며 개혁을 해야 한다고 주장하였다.

06 이 글의 내용과 일치하면 ○, 일치하지 않으면 ✕에 표시하세요.

1 정몽주는 역성혁명에 찬성하였다. [○ / ✕]

2 정몽주는 창왕을 폐하는 일에 참여하였다. [○ / ✕]

07 다음 문장의 빈칸에 들어갈 낱말을 보기에서 찾아 쓰세요.

> **보기**
>
> 개창   도모   일파

1 회장은 기업의 위기를 피할 길을 (   )하였다.

2 이성계는 조선 왕조를 (   )한 후 왕권 강화에 힘썼다.

3 고려의 묘청 (   )은/는 서경으로 도읍을 옮기자고 하였다.

08 이 글을 읽은 어린이가 보기에 대해 말한 내용으로 알맞은 것은 무엇인가요?

[   ]

> **보기**
>
> 이 몸이 죽고 죽어 일백 번 고쳐 죽어 / 백골이 진토되어 넋이라도 있고 없고 / 님 향한
> 일편단심이야 가실 줄이 있으랴.
> – 정몽주, 「단심가」

① 공양왕을 없애자는 야심이 담겨 있구나.

② 이성계를 없애자는 생각이 나타나 있구나.

③ 역성혁명을 일으키자는 주장이 담겨 있구나.

④ 창왕을 폐한 일에 대한 후회가 드러나 있구나.

⑤ 고려 왕조를 지키겠다는 마음이 드러나 있구나.

|시대| 고려 시대~조선 시대

이성계

글을 읽으면서 중요하다고 생각하는 낱말에 색칠해 보세요.

❶ 홍건적을 물리치다

함경도 지역에서 태어난 이성계는 어려서부터 [1]용맹하였어요. 그는 말을 잘 타고 활을 잘 쏘아서 여러 전투에서 승리하며 이름을 날렸답니다.

고려 말 중국의 원나라에서 홍건적이 [2]반란을 일으켰어요. 이들은 한족 반란군으로, 머리에 붉은 두건을 둘렀다고 해서 홍건적이라고 불렸어요. 그런데 홍건적이 반란을 진압하려는 원나라 군대에 쫓기면서 고려에 쳐들어왔어요. 20만 명이 넘는 홍건적은 고려의 수도 개경을 점령해 버렸지요. 고려의 공민왕과 신하들은 홍건적을 피해 남쪽의 복주(현재의 안동)로 [3]피난을 갔어요. 그리고 공민왕은 이성계에게 개경을 점령하고 있는 홍건적을 공격하라고 명령하였어요.

이성계는 오래전부터 자신과 함께 전투를 하였던 군인들과 개경으로 향하였어요. 이성계가 이끄는 군인들은 앞장서서 개경에 [4]진입하여 홍건적과 싸웠어요. 결국 홍건적은 개경을 버리고 다시 중국으로 도망 쳤지요. 이러한 [5]활약에 힘입어 이성계의 명성이 높아지고, 많은 사람이 이성계를 따르게 되었답니다.

❶ **용맹:** 용감하고 사나움.

❷ **반란:** 정부나 지도자 따위에 반대하여 내란을 일으킴.

❸ **피난:** 재난을 피하여 멀리 옮겨 감.

❹ **진입:** 향하여 내처 들어감.

❺ **활약:** 활발히 활동함.

중심 낱말 찾기

01 다음에서 설명하는 무리를 이 글에서 찾아 쓰세요.

> 한족 반란군으로 머리에 붉은 두건을 둘렀으며, 원나라 군대에 쫓기면서 고려에 쳐들어
> 왔다.

내용 이해

02 이 글의 내용과 일치하면 ○, 일치하지 않으면 ✕에 표시하세요.

1 이성계는 활을 잘 쏘았다. [○ / ✕]

2 고려에서 홍건적이 반란을 일으켰다. [○ / ✕]

3 공민왕은 개경이 함락되자, 원나라로 피난을 갔다. [○ / ✕]

4 이성계가 이끄는 군인들이 개경에서 홍건적을 물리쳤다. [○ / ✕]

어휘 확인

03 다음 문장의 빈칸에 들어갈 낱말을 보기에서 찾아 쓰세요.

> **보기**
>
> 진입   피난   활약

1 지진이 나자 마을 사람들은 (   )을 떠났다.

2 경찰은 범인이 점거한 건물에 (   )하기로 하였다.

3 내가 응원하는 농구 팀은 주장의 (   )에 힘입어 우승하였다.

중심 내용 찾기

04 다음 빈칸을 채워 이 글의 내용을 정리해 보세요.

> ☐☐☐ 는 홍건적이 고려의 수도 ☐☐ 을 점령하자, 군대를 이끌고 개경
> 으로 가서 홍건적을 물리쳤다.

이성계

글을 읽으면서 중요하다고 생각하는 낱말에 색칠해 보세요.

② 조선을 세우다

우왕이 고려를 다스릴 당시 중국의 명나라는 고려에 철령 북쪽의 땅을 내놓으라고 요구하였어요. 고려가 거절하자, 명나라는 철령 땅에 군대를 보내 점령하였어요. 이에 맞서 우왕은 고려가 철령과 함께 요동 지방까지 되찾아야 한다고 하였어요.

이성계는 요동을 [6]정벌하라는 왕의 명령을 받들어 5만여 명의 군대를 이끌고 북쪽으로 [7]진군하였어요. 그리고 압록강 [8]어귀의 위화도라는 섬에 이르게 되었지요. 그런데 며칠 동안 비가 많이 내려 압록강 물이 불어나 군대가 강을 건너기 어려웠어요. 이에 이성계는 날씨가 좋지 않으니 군대를 돌려야 한다고 조정에 보고하였답니다. 그러나 우왕은 이 보고를 받아들이지 않았어요.

결국 이성계는 [9]회군을 결정하였어요. 그는 군대를 이끌고 개경으로 향하였고, 최영이 이끄는 군대와의 전투에서 승리하였어요. 이를 위화도 회군이라고 해요. 위화도 회군으로 정권을 장악한 이성계는 우왕과 창왕을 잇달아 폐하며 [10]실질적 권력을 행사하였어요. 고려 왕조 유지를 주장하는 신하들도 모두 죽거나 유배를 가게 되었지요. 마침내 이성계는 정도전, 이방원 등의 추대로 왕이 된 후 나라 이름을 조선으로 바꾸었어요.

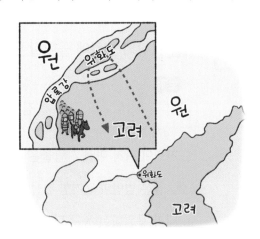

---

[6] **정벌**: 적 또는 죄 있는 무리를 무력으로써 침.

[7] **진군**: 적을 치러 군대가 나아감. 또는 군대를 나아가게 함.

[8] **어귀**: 드나드는 목의 첫머리

[9] **회군**: 군사를 돌이켜 돌아가거나 돌아옴.

[10] **실질적**: 실제로 있는 본바탕과 같거나 그것에 근거하는 것

중심 낱말 찾기

05 다음 ㄱ, ㄴ에 들어갈 낱말을 이 글에서 찾아 각각 쓰세요.

이성계는 (ㄱ   )에서 회군하여 정권을 잡고, (ㄴ   )을 세웠다.

✎ ㄱ: ㄴ:

내용 이해

06 이 글의 내용과 일치하지 <u>않는</u> 것은 무엇인가요? [✎]

① 이성계는 창왕을 폐하였다.

② 이성계의 군대는 최영의 군대를 물리쳤다.

③ 우왕은 이성계에게 위화도 회군을 명령하였다.

④ 정도전, 이방원 등이 이성계를 왕으로 추대하였다.

⑤ 이성계는 요동을 정벌하기 위해 북쪽으로 진군하였다.

어휘 확인

07 다음 낱말의 뜻을 찾아 선으로 이으세요.

① 어귀	•		•	㉠ 드나드는 목의 첫머리
② 정벌	•		•	㉡ 군사를 돌이켜 돌아가거나 돌아옴.
③ 회군	•		•	㉢ 적 또는 죄 있는 무리를 무력으로써 침.

내용 추론

08 위화도 회군이 역사적으로 중요한 까닭을 알맞게 말한 어린이는 누구인지 쓰세요.

기영	조선이 세워지는 계기가 되었기 때문이야.
윤경	고려가 요동을 정벌하고 고려의 땅으로 삼았기 때문이야.
철수	중국에서 원나라가 멸망하고 명나라가 세워지는 배경이 되었기 때문이야.

✎

| 시대 | 고려 시대~조선 시대

정도전

글을 읽으면서 중요하다고 생각하는 낱말에 색칠해 보세요.

❶ 새로운 나라를 꿈꾸다

　　정도전은 고려에서 태어나 조선 시대까지 활동한 학자이자 정치가였어요. 고려에서 정도전은 과거 시험에 합격하여 관직에 나아갔어요. 하지만 고려가 원나라와의 외교 관계를 끊어야 한다고 주장하며 ^❶권문세족과 맞서다가 관직에서 쫓겨나 유배를 떠나게 되었답니다.

　　정도전은 권문세족의 박해를 받아 오랜 기간 유배와 ^❷유랑 생활을 하였어요. 그는 먹고 살기 위해 밭농사를 배우고 ^❸약초를 재배하기도 하면서 백성들과 어울려 살았는데요. 그러면서 ^❹권세가에게 땅을 빼앗기고 왜구들에게 약탈을 당해 고통받는 백성들의 현실을 보게 되었지요.

　　정도전은 고려 왕조가 더 이상 백성들을 행복하게 해 주지 못한다고 생각하였어요. 그래서 백성을 위한 새로운 나라를 만들어야 한다고 생각하였답니다. 마침내 정도전은 ^❺결단을 내렸어요. 정도전은 당시 외적을 물리쳐 명성을 얻은 이성계를 찾아가 새 왕조를 만들자는 뜻을 내비쳤어요. 이후 정도전은 이성계를 도와 고려 왕조를 무너뜨리고 조선 건국의 기초를 닦았답니다.

이런 군사라면 무슨 일이든 할 수 있겠군요.

정도전　　이성계

---

❶ 권문세족: 고려 후기에 원나라를 배경으로 새롭게 성장한 지배 세력

❷ 유랑: 일정한 거처가 없이 떠돌아다님.

❸ 약초: 약으로 쓰는 풀

❹ 권세가: 정치상의 권력과 세력이 있는 사람

❺ 결단: 결정적인 판단을 하거나 단정을 내림. 또는 그런 판단이나 단정

정답 103쪽

중심 낱말 찾기

01 다음에서 설명하는 세력을 이 글에서 찾아 쓰세요.

> 고려 후기의 지배 세력으로, 원나라와의 외교 관계를 끊어야 한다고 주장한 정도전을 박해하였다.

내용 이해

02 이 글을 읽고 알 수 있는 내용으로 알맞지 <u>않은</u> 것은 무엇인가요? [　　]

① 원나라의 외교 정책
② 고려 후기의 지배 세력
③ 고려 후기 백성들의 현실
④ 정도전이 유배를 간 까닭
⑤ 정도전이 이성계를 찾아간 까닭

어휘 확인

03 다음 낱말의 뜻을 찾아 선으로 이으세요.

1 결단 •　　　　　• ㉠ 일정한 거처가 없이 떠돌아다님.

2 유랑 •　　　　　• ㉡ 정치상의 권력과 세력이 있는 사람

3 권세가 •　　　　　• ㉢ 결정적인 판단을 하거나 단정을 내림. 또는 그런 판단이나 단정

내용 추론

04 정도전이 다음과 같이 토지 제도를 바꾸자고 한 배경을 이 글을 참고하여 쓰세요.

> 권세가들이 가진 전국의 토지를 국가가 가지게 하고, 이를 나라 안의 모든 농민들에게 식구 수 대로 나누어 주어야 한다.

정도전

글을 읽으면서 중요하다고 생각하는 낱말에 색칠해 보세요.

② 한양의 설계자

정도전은 조선 왕조에 어울리는 새로운 도읍이 필요하다고 주장하였어요. 개경에서 오랫동안 살았던 고려의 권문세족 중에 새 왕조의 개창을 반대하는 사람들도 많았기 때문에 개경을 벗어나고자 한 것이에요. 새로운 도읍지는 몇 곳의 후보 중에서 최종적으로 정도전이 추천한 한양이 채택되었어요. 한양은 한반도 중심에 있고, 한강을 끼고 있어 교통이 편리한 곳이었어요. 또한 ^⑥사방이 산으로 둘러싸여 있어서 외적을 방어하기에도 좋은 곳이었답니다.

정도전은 한양에 들어설 여러 건물들의 위치와 이름도 정하였어요. 왕이 ^⑦거처하는 궁궐 중 으뜸이 되는 법궁은 '경복궁'이라고 하였어요. '경복궁'이라는 이름에는 오래도록 큰 복을 ^⑧누리라는 바람이 담겨 있어요. 경복궁에서 왕이 정치를 하는 건물은 근정전이라고 하였어요. '근정'은 부지런히 나라를 다스린다는 뜻이에요. 도성의 ^⑨문루에는 유교 사상인 ^⑩인의예지에 근거하여 흥인지문, 돈의문, 숭례문, 소지문으로 이름을 붙였답니다.

정도전은 한양의 설계 외에도 여러 가지 정책들을 마련함으로써 새로운 나라를 다스릴 기반을 다져 나갔어요.

---

⑥ **사방:** 동, 서, 남, 북 네 방위를 통틀어 이르는 말

⑦ **거처:** 일정하게 자리를 잡고 사는 일. 또는 그 장소

⑧ **누리다:** 생활 속에서 마음껏 즐기거나 맛보다.

⑨ **문루:** 궁문, 성문 따위의 바깥문 위에 지은 다락집

⑩ **인의예지:** 유학에서 말하는 사람이 마땅히 갖추어야 할 네 가지 성품으로, 어질고, 의롭고, 예의 바르고, 지혜로움을 의미함.

정답 103쪽

중심 낱말 찾기

05 이 글의 내용과 일치하도록 괄호 안의 낱말 중 알맞은 것에 ◯표 하세요.

1 정도전은 [**경복궁, 창덕궁**]을 새 왕조의 법궁으로 삼았다.

2 조선 도성에 있는 주요 문루의 이름은 [**불교, 유교**] 사상에 근거하여 지었다.

3 한양은 한반도 중심에 있고, [**한강, 압록강**]을 끼고 있어 교통이 편리한 곳이었다.

내용 이해

06 이 글의 내용과 일치하는 것은 무엇인가요? [✎]

① 조선의 법궁은 근정전이라고 이름 지었다.

② 정도전은 한양으로의 수도 이전을 반대하였다.

③ 근정전은 인자한 정치를 펼치라는 의미로 지었다.

④ 정도전은 한양에 들어설 건물들의 이름을 정하였다.

⑤ 대부분의 권문세족은 수도를 새로 정하는 것에 찬성하였다.

어휘 확인

07 다음 낱말의 뜻을 찾아 선으로 이으세요.

1 거처 • • ㄱ 동, 서, 남, 북 네 방위를 통틀어 이르는 말

2 문루 • • ㄴ 궁문, 성문 따위의 바깥문 위에 지은 다락집

3 사방 • • ㄷ 일정하게 자리를 잡고 사는 일. 또는 그 장소

중심 내용 찾기

08 다음 빈칸을 채워 이 글의 내용을 정리해 보세요.

정도전은 ☐☐ 으로 수도를 옮기고 이곳에 들어설 여러 건물들의 위치와 이름을 정하는 일을 주도하였다. 이와 함께 여러 가지 정책들을 마련하여 새로운 나라를 다스릴 ☐☐ 을 다져 나갔다.

09

|시대| 조선 시대

태종

글을 읽으면서 중요하다고 생각하는 낱말에 색칠해 보세요.

❶ 왕자의 난을 일으키다

태조 이성계의 다섯째 아들인 이방원은 조선의 건국 과정에서 이성계가 즉위하는 데 여러 공을 세웠어요. 그렇기 때문에 이방원은 자신이 공신으로 ^❶선정될 것이라고 생각하였어요. 그런데 정도전 등이 이방원을 견제하기 위해 공신 선정에서 제외해 버렸어요. 게다가 공신 세력들은 자신의 동생인 이방석을 ^❷세자로 책봉하였지요. 새 왕조의 왕이 되고 싶었던 이방원은 공신 세력들을 제거하기로 결심하였답니다.

이방원은 정도전, 심효생 등이 남은의 집에 모였다는 소식을 들었어요. 그는 자신의 군대를 동원해 남은의 집을 ^❸포위하였어요. 그리고 남은의 집 주변에 불을 질러 혼란한 틈을 타 자신의 세자 책봉에 반대하였던 세력들을 제거하였지요. 이 사건을 1차 왕자의 ^❹난이라고 불러요. 왕자의 난으로 권력을 장악한 이방원은 둘째 형 이방과를 세자의 자리에 앉히고, 동생 이방석을 제거하였답니다.

얼마 후 이방원은 왕위를 노리며 2차 왕자의 난을 일으킨 이방간을 제거하고 ^❺세제로 책봉되었어요. 이 사람이 바로 조선의 세 번째 왕이었던 태종 이랍니다.

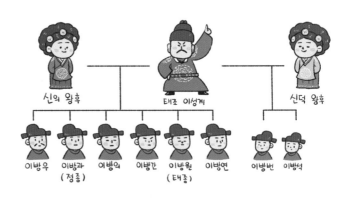

---

❶ **선정:** 여럿 가운데서 어떤 것을 뽑아 정함.

❷ **세자:** 임금의 자리를 이을 이로 정한 아들

❸ **포위:** 주위를 에워쌈.

❹ **난:** 전쟁이나 병란

❺ **세제:** 왕위를 이어받을 왕의 아우

글을 이해해요

정답 104쪽

중심 낱말 찾기

01 다음에서 설명하는 인물을 이 글에서 찾아 쓰세요.

태조 이성계의 다섯째 아들로, 훗날 태종으로 즉위하였다.

내용 이해

02 이 글의 내용과 일치하는 것은 무엇인가요? [ ]

① 이방원은 이방과를 제거하였다.
② 정도전은 이방석을 제거하였다.
③ 이방원은 1차 왕자의 난을 일으켰다.
④ 이방원은 태조의 첫 번째 세자로 책봉되었다.
⑤ 정도전을 비롯한 공신 세력은 이방원을 세자로 책봉하였다.

어휘 확인

03 다음 낱말의 뜻을 찾아 선으로 이으세요.

1 선정 •   • ㄱ 주위를 에워쌈.

2 세자 •   • ㄴ 임금의 자리를 이을 이로 정한 아들

3 포위 •   • ㄷ 여럿 가운데서 어떤 것을 뽑아 정함.

중심 내용 찾기

04 다음 빈칸을 채워 이 글의 내용을 정리해 보세요.

이방원은 자신의 동생인 이방석을 □□로 책봉한 공신 세력을 제거하기 위해 1차 □□□□을 일으켜 권력을 장악하였다. 이후 2차 왕자의 난을 일으킨 □□□을 제거하고 세제가 되어, 훗날 태종으로 즉위하였다.

태종

글을 읽으면서 중요하다고 생각하는 낱말에 색칠해 보세요.

❷ 조선 왕조의 기틀을 마련하다

태종 이방원은 조선을 안정시키기 위해 여러 가지 정책을 펼쳐 나갔어요. 그는 왕의 힘이 신하들의 힘보다 강해야 한다고 생각하였어요. 이를 위해 신하들이 가지고 있는 ^❻사병을 ^❼혁파하고, 그들의 군대를 왕이 통솔하게 하였어요. 이방원은 이 과정에서 자신의 명령을 듣지 않는 세력들을 모두 ^❽숙청하였답니다.

또한 태종은 중앙 제도를 정비하였어요. 그는 나라의 업무를 처리하는 여러 부서를 설치함으로써 왕의 업무와 신하의 업무를 구분하고 ^❾배분하여 왕권을 더욱 강화하였지요.

태종은 호패법도 실시하였어요. 호패는 조선 시대에 16세 이상의 남자들이 차고 다니던 일종의 신분증으로, 막대 모양을 하고 있었어요. 양반부터 농민에게까지 모두 ^❿발급된 호패에는 이름, 태어난 연도, 거주지 등을 기록하였지요. 호패법을 통해 태종은 백성들의 사정을 파악할 수 있었고, 이를 기준으로 삼아 세금을 걷고 노동력을 동원하였답니다. 이렇게 태종이 여러 정책을 추진하면서 조선 건국 초의 혼란이 진정되고 왕권이 안정되어 갔어요.

이름은 박진영, 나이는 34세, 콧수염이 있고 ……

---

❻ **사병**: 권세를 가진 개인이 사사로이 길러서 부리는 병사

❼ **혁파**: 묵은 기구, 제도, 법령 따위를 없앰.

❽ **숙청**: 정책이나 조직의 일체성을 확보하기 위하여 반대파를 처단하거나 제거함.

❾ **배분**: 한 몫 한 몫으로 일정한 비례에 맞추어서 여러 몫으로 나눔.

❿ **발급**: 증명서 따위를 발행하여 줌.

중심 낱말 찾기

05 다음 ㉠, ㉡에 들어갈 낱말을 이 글에서 찾아 각각 쓰세요.

태종 이방원은 신하들이 가지고 있는 (㉠   )을 혁파하고 그들의 군대를 왕이 통솔하도록 하였으며, 16세 이상의 남자들에게 (㉡   )를 발급하여 세금을 걷고 노동력을 동원하는 기준으로 삼았다.

✏ ㉠:   ㉡:

내용 이해

06 이 글의 내용과 일치하면 ○, 일치하지 않으면 ✕에 표시하세요.

1 호패에는 이름만 기록되었다. [○ / ✕]

2 태종은 사병을 키우는 정책을 펼쳤다. [○ / ✕]

3 호패법은 노동력을 동원하는 기준이 되었다. [○ / ✕]

어휘 확인

07 다음 문장의 빈칸에 들어갈 낱말을 에서 찾아 쓰세요.

보기

발급   배분   혁파

1 대통령은 군대 내부의 사조직을 (   )하였다.

2 축제가 끝나자, 사람들에게 음식이 (   )되었다.

3 내 친구는 학생증을 잃어 버려서 다시 (   )을/를 받았다.

내용 추론

08 태종이 다음 정책들을 실시한 공통적인 목적으로 알맞은 것은 무엇인가요?

[✏   ]

| • 사병 혁파 | • 호패법 실시 | • 중앙 제도 정비 |

① 왕권 강화   ② 새 왕조 개창

③ 효과적인 세금 징수   ④ 능력 있는 인재 선발

⑤ 신하들의 업무 환경 개선

| 시대 | 조선 시대

세종

글을 읽으면서 중요하다고 생각하는 낱말에 색칠해 보세요.

❶ 4군 6진을 개척하다

조선의 제4대 왕인 세종은 태종의 셋째 아들로 태어나 1418년 왕위에 올랐어요. 세종은 우리 영토에 관심이 많았어요. 지방관들에게 각 지역의 지도, 풍습, 지리 등에 대해 조사하게 하여 이를 기반으로 ^❶지리지를 ^❷편찬하기도 하였지요.

세종은 영토 확장에도 힘을 기울여 압록강 일대의 영역을 확보하기 위해 다양한 ^❸정책을 추진하였어요. 당시 북쪽에 살고 있는 백성들이 ^❹여진족의 침입으로 고통받고 있었기 때문에 이들을 몰아내고 영토를 확장하는 것은 중요한 과제였지요.

세종은 최윤덕에게 여진을 ^❺정벌하도록 하였어요. 세종의 명령을 받은 최윤덕은 압록강과 개마고원 일대의 여진족을 공격하여 물리쳤어요. 그리고 이 일대에 4개의 군을 설치하였는데, 이를 4군이라고 해요. 세종은 김종서에게는 두만강 일대의 여진족을 소탕하게 하였어요. 김종서가 이끄는 조선군은 함경도 지역의 여진족을 소탕하고 이 일대에 여섯 개의 진을 설치하였는데, 이를 6진이라고 해요. 이렇게 세종 때 4군과 6진을 개척함으로써 평안도와 함경도 북부 지방을 우리 영토로 확보하게 되었답니다.

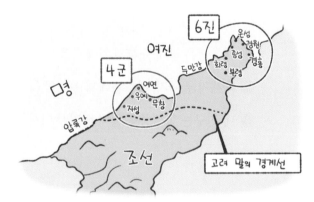

---

❶ **지리지**: 일정한 지역의 지리적 특성을 종합적으로 혹은 부문별로 서술한 책
❷ **편찬**: 여러 가지 자료를 모아 체계적으로 정리하여 책을 만듦.
❸ **정책**: 정치적 목적을 실현하기 위한 방책
❹ **여진족**: 한반도 북쪽에서 수렵과 목축을 주로 하던 유목 민족
❺ **정벌**: 적 또는 죄 있는 무리를 무력으로써 침.

중심 낱말 찾기

01 다음에서 설명하는 인물을 이 글에서 찾아 쓰세요.

> • 태종의 셋째 아들로, 조선의 제4대 왕이 되었다.
> • 우리 영토에 관심이 많아 지리지 편찬을 명령하였다.

내용 이해

02 이 글의 내용과 일치하는 것은 무엇인가요? [✎]

① 세종은 태종의 첫째 아들이다.
② 세종은 영토 확장에는 관심이 없었다.
③ 김종서는 세종의 명령으로 요동 정벌을 나섰다.
④ 세종 때 평양 지방을 우리 영토로 확보하게 되었다.
⑤ 최윤덕은 세종의 명령으로 압록강과 개마고원 일대의 여진족을 물리쳤다.

어휘 확인

03 다음 낱말의 뜻을 찾아 선으로 이으세요.

1 정벌 • • ㄱ 정치적 목적을 실현하기 위한 방책

2 정책 • • ㄴ 적 또는 죄 있는 무리를 무력으로써 침.

3 편찬 • • ㄷ 여러 가지 자료를 모아 체계적으로 정리하여 책을 만듦.

중심 내용 찾기

04 다음 빈칸을 채워 이 글의 내용을 정리해 보세요.

> 세종은 여진 정벌을 위해 압록강 일대에 최윤덕을 파견하여 ☐☐을 설치하고, 두
> 만강 일대에 김종서를 파견하여 ☐☐을 설치함으로써 영토를 확장하였다.

세종

글을 읽으면서 중요하다고 생각하는 낱말에 색칠해 보세요.

❷ 훈민정음을 창제하다

옛날에 우리나라 사람들은 중국의 어렵고 복잡한 한자를 사용하였어요. 그러다 보니 백성들은 한자를 배우기 어려워 글을 읽지 못하고, 자신의 생각을 제대로 드러내지 못하였지요. 세종은 백성들이 글자를 쉽게 배워 사용할 수 있다면 그들의 생활이 훨씬 ^❻편리해질 것이라고 생각하였어요. 그러나 신하들은 새로운 글자를 만드는 것이 당시 중국을 따르는 ^❼가치에 맞지 않는다고 반대하였어요.

세종은 신하들의 반대를 물리치고 1443년 오랜 연구와 실험을 거쳐 훈민정음을 ^❽창제하였어요. 훈민정음은 '백성을 가르치는 바른 소리'라는 뜻이에요. 그리고 세종은 1446년 훈민정음을 ^❾반포하여 전국에 널리 알렸어요.

세종이 창제한 훈민정음은 소리 나는 대로 적는 문자이기 때문에 한자에 비해 배우기가 쉬웠어요. 당시 양반들은 훈민정음을 언문, 언서 등으로 부르며 ^❿홀대하였지만 백성들은 훈민정음의 창제를 무척 반겼어요. 세종은 정인지, 신숙주 등을 시켜 훈민정음의 창제 원리와 사용법을 자세히 적은 『훈민정음 해례본』을 만들게 하였어요. 그리고 훈민정음으로 된 책들을 편찬하는 등 새로운 글자가 널리 보급될 수 있도록 꾸준히 힘썼답니다.

나랏말이 중국과 달라서 제 뜻을 표현하지 못하는 사람이 많다. 이를 딱하게 여겨 새로 28자를 만들었다.

---

❻ **편리**: 편하고 이로우며 이용하기 쉬움.

❼ **가치**: 사물이 지니고 있는 쓸모

❽ **창제**: 전에 없던 것을 처음으로 만들거나 제정함.

❾ **반포**: 세상에 널리 퍼뜨려 모두 알게 함.

❿ **홀대**: 소홀히 대접함.

중심 낱말 찾기

05 다음에서 설명하는 문자를 이 글에서 찾아 쓰세요.

세종이 창제한 문자로, '백성을 가르치는 바른 소리'라는 뜻이 담겨 있다.

내용 이해

06 이 글의 내용과 일치하면 ○, 일치하지 않으면 ✕에 표시하세요.

① 훈민정음은 소리 나는 대로 적는 문자이다. [○ / ✕]

② 대부분의 신하들은 훈민정음 창제를 찬성하였다. [○ / ✕]

③ 조선 시대 양반들은 훈민정음을 언문, 언서 등으로 부르며 홀대하였다. [○ / ✕]

어휘 확인

07 다음 문장의 빈칸에 들어갈 낱말을 보기 에서 찾아 쓰세요.

보기

| 반포 | 편리 | 홀대 |

① 우리 동네는 교통이 매우 (   )하다.

② 엄마는 집에 온 손님을 (   )하면 안 된다고 하였다.

③ 조선에서는 『경국대전』이라는 법전을 (   )하여 통치의 기틀을 마련하였다.

내용 추론

08 이 글을 읽고 세종에 대해 바르게 말한 어린이는 누구인지 쓰세요.

명수	중국 중심의 가치를 믿고 받들었던 것 같아.
이현	신하들의 의견을 최우선으로 삼았던 것 같아.
현진	백성들에게 도움을 줄 수 있는 일에 관심이 많았던 것 같아.

|시대| 조선 시대

11 장영실

❶ 노비 출신으로 벼슬을 얻기까지

장영실은 조선 최고의 과학자 중 한 명이에요. 그는 어렸을 때부터 주변에 있는 도구와 기계들의 작동 ⁰원리를 파악하는 능력이 뛰어났어요. 손재주도 좋아 물건을 만들거나 고치는 일에 재능을 보였지요. 그런데 장영실은 조선에서 가장 낮은 신분인 천민에 속하는 노비였어요. 조선의 신분 제도는 엄격해서 천민이 과학을 공부하거나 관직에 진출하는 것이 거의 불가능하였답니다.

태종 때 장영실은 수령의 추천으로 궁궐의 상의원에서 일하게 되었어요. 상의원은 왕실의 옷과 궁궐의 여러 기물을 만들던 곳이었어요. 이곳에서 기술자로 일하던 장영실은 이후 세종 때 ⁰발탁되어 과학자로서 많은 활약을 하였답니다.

세종은 과학 발달에 관심이 많았어요. 과학의 발달로 ⁰절기와 시간을 정확하게 파악할 수 있으면, 자연 ⁰재해에 대비할 수 있었기 때문이에요. 세종은 장영실의 능력을 높이 평가하여 그를 명나라에 유학을 가도록 하였어요. 게다가 장영실을 천민의 신분에서 벗어나게 해 주고, 장영실에게 벼슬도 내려 주었지요. 이후 장영실이 여러 가지 도구를 ⁰고안하여 조선 전기 과학 기술은 크게 발전해 갔답니다.

---

❶ **원리:** 사물의 근본이 되는 이치

❷ **발탁:** 여러 사람 가운데서 쓸 사람을 뽑음.

❸ **절기:** 한 해를 스물넷으로 나눈, 계절의 표준이 되는 것

❹ **재해:** 재앙으로 말미암아 받는 피해. 지진, 태풍, 홍수, 가뭄 등이 해당함.

❺ **고안:** 연구하여 새로운 안을 생각해 냄. 또는 그 안

글을 이해해요

중심 낱말 찾기
01 다음에서 설명하는 인물을 이 글에서 찾아 쓰세요.

> 조선의 왕으로, 장영실의 능력을 높이 평가하여 그를 천민에서 벗어나게 해 주고, 그에게 벼슬을 내려 주었다.

내용 이해
02 세종이 과학 발달에 관심이 많았던 까닭으로 알맞은 것은 무엇인가요? [　　　　]

① 도읍을 옮길 수 있기 때문에
② 신분 제도를 철폐할 수 있기 때문에
③ 자연 재해에 대비할 수 있기 때문에
④ 훈민정음을 널리 알릴 수 있기 때문에
⑤ 천민을 신분에서 벗어나게 해 줄 수 있기 때문에

어휘 확인
03 다음 낱말의 뜻을 찾아 선으로 이으세요.

1 고안　•　　　　•　ㄱ 사물의 근본이 되는 이치

2 발탁　•　　　　•　ㄴ 여러 사람 가운데서 쓸 사람을 뽑음.

3 원리　•　　　　•　ㄷ 연구하여 새로운 안을 생각해 냄. 또는 그 안

중심 내용 찾기
04 다음 빈칸을 채워 이 글의 내용을 정리해 보세요.

> 장영실은 본래 천민에 속하는 [　][　]였으나, 세종 때 발탁되어 과학자로서 활약하였다. 세종은 그의 능력을 높이 평가하여 그를 천민에서 벗어나게 해 주고 [　][　]을 내려 주었다.

장영실

글을 읽으면서 중요하다고 생각하는 낱말에 색칠해 보세요.

❷ 여러 가지 기구를 만들다

장영실은 명나라에 갔을 때 [6]천문을 관측하는 도구를 자세히 공부하였어요. 그리고 조선으로 돌아온 후에 정인지, 정초 등과 함께 혼천의를 제작하였어요. 혼천의는 해와 달과 별 등의 움직임을 관측하는 도구였어요. 훗날 이를 바탕으로 조선의 달력도 만들 수 있었지요.

장영실은 혼천의를 만들었던 기술을 [7]토대로 앙부일구도 만들었어요. 앙부일구는 가마솥 모양의 그릇을 떠받치고 있는 형태의 해시계였어요. 뾰족한 막대를 설치해서 생기는 그림자로 시간을 알 수 있었지요. 세종은 앙부일구를 여러 사람이 오가는 길에 설치하여 백성들도 시간을 알 수 있도록 하였답니다.

그런데 앙부일구는 비가 오거나 날씨가 흐린 날에는 사용할 수 없었어요. 그래서 장영실은 이천 등과 함께 물시계인 자격루를 만들었어요. 자격루는 일정한 양의 물이 흘러내릴 때 걸리는 시간이 동일한 것을 이용해서 시간을 [8]측정하는 방식으로 [9]설계되었어요. 장영실이 만든 자격루는 물시계에 정밀한 기계 장치를 연결해서 때가 되면 징, 북, 종이 [10]자동으로 시간을 알려 주었어요. 자격루는 매우 정확해서 조선의 표준 시계로 사용될 정도였답니다.

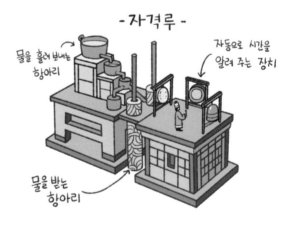

-자격루-

물을 흘려 보내는 항아리

자동으로 시간을 알려 주는 장치

물을 받는 항아리

---

[6] **천문**: 우주와 천체의 온갖 현상과 그에 내재된 법칙성

[7] **토대**: 어떤 사물이나 사업의 밑바탕이 되는 기초와 밑천을 비유적으로 이르는 말

[8] **측정**: 헤아려 결정함.

[9] **설계**: 건축, 토목, 기계 제작 등에서 그 목적에 따라 실제적인 계획을 세워 도면 등으로 명시하는 일

[10] **자동**: 기계나 설비 따위가 자체 내에 있는 일정한 장치의 작용에 의하여 스스로 작동함.

정답 106쪽

05 다음 , 에 들어갈 낱말을 이 글에서 찾아 각각 쓰세요.

> 장영실은 정인지, 정초 등과 함께 해와 달과 별 등의 움직임을 관측하는 도구인
> (ㄱ)를 만들었고, 이천 등과 함께 일정한 양의 물이 흘러내릴 때 걸리는
> 시간이 동일한 것을 이용한 물시계인 (ㄴ)를 만들었다.

🖉 ㄱ: ㄴ:

내용 이해

06 이 글의 내용과 일치하면 ○, 일치하지 않으면 ✕에 표시하세요.

1 자격루는 조선의 표준 시계로 사용되었다. [○ / ✕]

2 앙부일구는 날씨와 상관없이 사용할 수 있는 시계였다. [○ / ✕]

3 혼천의는 막대 그림자를 보고 시간을 알 수 있는 기구이다. [○ / ✕]

어휘 확인

07 다음 문장의 빈칸에 들어갈 낱말을 보기에서 찾아 쓰세요.

> **보기**
>
> 설계   측정   토대

1 그 회사 건물은 유명한 건축가가 ( )을/를 하였다.

2 내가 병원에 갔을 때 간호사는 온도계로 체온을 ( )하였다.

3 학급 회의로 친구들이 서로 이해할 수 있는 ( )이/가 마련되었다.

내용 추론

08 이 글의 내용으로 볼 때, 다음 기구의 이름은 무엇인지 쓰세요.

🖉

|시대| 조선 시대

세조

글을 읽으면서 중요하다고 생각하는 낱말에 색칠해 보세요.

① 계유정난으로 왕위에 오르다

조선 제7대 왕인 세조는 세종의 둘째 아들인 수양대군이었어요. 수양대군은 어린 시절 아버지의 명에 따라 성균관에서 성리학을 공부하며 뛰어난 ^①학업 능력을 인정받았어요. 이뿐만 아니라 수양대군은 말타기와 활쏘기, 사냥에도 ^②능해 사람들을 놀라게 하였지요.

세종의 뒤를 이어 첫째 아들인 문종이 조선의 제5대 왕으로 즉위하였어요. 그런데 문종은 건강이 좋지 않아서 왕이 된 지 2년여 만에 세상을 떠나고 말았답니다. 그래서 그의 아들인 단종이 어린 나이에 왕이 되었어요.

어린 단종이 왕이 되자, 황보인, 김종서 등의 신하들이 ^③실권을 장악하고 정치를 주도하였어요. 이러한 상황이 마음에 들지 않았던 수양대군은 신숙주, 한명회와 같은 신하들을 자기편으로 만들며 세력을 키웠어요. 그리고 1453년, 수양대군은 김종서를 죽이고 ^④살생부에 따라 자신을 지지하지 않은 신하들을 ^⑤처단하여 정권을 장악하였어요. 이 사건을 계유정난이라고 해요. 계유정난으로 권력을 장악한 수양대군은 조카인 단종을 쫓아내고 세조로 즉위하였어요.

① **학업:** 공부하여 학문을 닦는 일
② **능하다:** 어떤 일 따위에 뛰어나다.
③ **실권:** 실제로 행사할 수 있는 권리나 권세
④ **살생부:** 죽이고 살릴 사람의 이름을 적어 둔 명부
⑤ **처단:** 결단을 내려 처치하거나 처분함.

정답 107쪽

중심 낱말 찾기

01 이 글의 내용과 일치하도록 괄호 안의 낱말 중 알맞은 것에 ○표 하세요.

1 정권을 장악한 수양대군은 [단종, 문종]을 쫓아내고 세조로 즉위하였다.

2 단종이 왕이 되자 [김종서, 신숙주]가 실권을 장악하고 정치를 주도하였다.

내용 이해

02 이 글의 내용과 일치하지 <u>않는</u> 것은 무엇인가요? [✎   ]

① 계유정난으로 단종이 정권을 장악하였다.

② 김종서는 수양대군에게 죽임을 당하였다.

③ 문종은 왕이 된 지 2년여 만에 세상을 떠났다.

④ 수양대군은 성균관에서 성리학을 공부하였다.

⑤ 수양대군은 신숙주, 한명회 등을 자기편으로 만들었다.

어휘 확인

03 다음 낱말의 뜻을 찾아 선으로 이으세요.

1 실권 •   • ㄱ 어떤 일 따위에 뛰어나다.

2 처단 •   • ㄴ 결단을 내려 처치하거나 처분함.

3 능하다 •   • ㄷ 실제로 행사할 수 있는 권리나 권세

중심 내용 찾기

04 다음 빈칸을 채워 이 글의 내용을 정리해 보세요.

문종이 죽고 어린 단종이 왕이 되자, 수양대군은 [ ][ ][ ][ ]을 일으켜 권력을 장악하고 [ ][ ]로 즉위하였다.

세조

글을 읽으면서 중요하다고 생각하는 낱말에 색칠해 보세요.

❷ 왕권 강화를 꾀하다

조카인 단종을 몰아내고 왕이 된 세조는 자신의 ^❻정통성을 지키고 왕권을 확립하기 위한 여러 가지 정책을 펼쳤어요. 당시 성삼문, 박팽년 등 집현전 출신 학자들은 세조를 쫓아내고 단종을 다시 왕으로 세우려고 하였어요. 이 사실을 안 세조는 단종 ^❼복위 계획에 ^❽연관된 신하들을 죽이거나 유배 보냈어요. 그리고 이 사건을 ^❾빌미로 집현전을 폐지하고, 왕과 신하들이 정책을 토론하고 대화하는 경연도 폐지하여 왕에게 권력을 집중하였지요.

세조는 의정부에서 갖고 있던 정책 결정권도 폐지하였어요. 6조가 업무 사항을 의정부에 보고하면 의정부에서 1차적인 검토를 거쳐 왕에게 보고하던 것과 달리 6조의 책임자들이 직접 업무 사항을 왕에게 보고하도록 하였지요. 이로써 신하들의 권한이 대폭 축소되었어요.

또한 세조는 조선의 기본 법전인『경국대전』의 편찬을 시작하였어요. 당시 우리나라 법률은 중국의 것을 참고하여 만든 것으로, 우리나라 실정에 맞지 않거나 관리의 ^❿재량으로 바뀌는 경우가 많았어요. 이에 세조는 통일된 법을 만들고자 하였어요. 세조가 만들기 시작한『경국대전』은 성종 때에 이르러 완성되었고, 이후 조선을 다스리는 기본 법전이 되었답니다.

곤장 5대에 해당하는군.

---

❻ **정통성**: 통치를 받는 사람에게 권력 지배를 승인하고 허용하게 하는 논리적·심리적인 근거

❼ **복위**: 폐위되었던 제왕이나 임금의 아내가 다시 그 자리에 오름.

❽ **연관**: 사물이나 현상이 일정한 관계를 맺는 일

❾ **빌미**: 재앙이나 탈 따위가 생기는 원인

❿ **재량**: 자기의 생각과 판단에 따라 일을 처리함.

중심 낱말 찾기

05 다음에서 설명하는 책을 이 글에서 찾아 쓰세요.

세조 때 편찬하기 시작하여 성종 때 완성된 조선의 기본 법전이다.

내용 이해

06 이 글의 내용과 일치하지 <u>않는</u> 것은 무엇인가요? [　　　]

① 세조는 집현전을 폐지하였다.

②『경국대전』은 성종 때 완성되었다.

③ 성삼문은 단종의 복위를 꾀하였다.

④ 세조는 신하들의 권한을 축소하였다.

⑤ 세조는 6조의 책임자가 업무 사항을 의정부에 보고하게 하였다.

어휘 확인

07 다음 문장의 빈칸에 들어갈 낱말을 보기에서 찾아 쓰세요.

보기

복위　　　연관　　　재량

1 그 사람은 이 사건과 아무 (　　　　　)이/가 없다.

2 조선의 숙종은 폐위되었던 왕비인 인현 왕후를 (　　　　)시켰다.

3 아이들은 체육 대회에 나갈 대표 선수 선발을 나의 (　　　　)에 맡겼다.

내용 추론

08 이 글을 참고하여 세조가 다음 정책들을 실시한 궁극적인 목적이 무엇인지 쓰세요.

• 경연과 집현전을 폐지하였다.

• 의정부의 정책 결정권을 폐지하고, 6조의 책임자들이 업무 사항을 왕에게 직접 보고하도록 하였다.

| 시대 | 조선 시대

13 신사임당

글을 읽으면서 중요하다고 생각하는 낱말에 색칠해 보세요.

❶ 재주와 능력이 뛰어났던 신사임당

1504년 강원도 강릉에서 태어난 신사임당은 ❶다재다능한 인물이었어요. 조선 시대에는 여자 아이들에게 글을 가르치는 일이 드물었지만, 신사임당의 아버지와 어머니는 여자도 제대로 교육받아야 한다고 생각하였어요. 이에 신사임당은 다양한 교육을 받으며 자신의 능력을 키울 수 있었답니다.

신사임당은 아버지에게 직접 천자문과 유교의 주요 경전을 배움으로써 성리학적 ❷소양을 갖추어 나갔어요. 신사임당은 그림에도 뛰어난 실력을 보였는데, 어린 시절 신사임당이 그린 그림 속 벌레를 진짜로 착각한 닭이 부리로 쪼아 댔다는 이야기가 전해

질 정도였지요. 신사임당은 글씨와 글을 쓰는 능력도 훌륭하여 자신의 마음을 담은 작품을 여럿 남겼고, 이는 ❸후대에 많이 읽혔답니다.

신사임당은 19살 때 결혼한 후 지속적으로 작품 활동을 하는 한편, 자식 교육에도 힘을 쏟았어요. 그녀는 7남매를 키웠는데, 남녀 ❹차별 없이 자녀들에게 글을 가르쳤고 자녀들이 각자의 재능을 살려 원하는 공부를 할 수 있게 하였어요. 그래서 자녀들은 자신의 ❺소질을 키워 훌륭하게 성장할 수 있었답니다.

---

❶ **다재다능**: 재주와 능력이 여러 가지로 많음.
❷ **소양**: 평소 닦아 놓은 학문이나 지식
❸ **후대**: 뒤에 오는 세대나 시대
❹ **차별**: 둘 이상의 대상을 각각 등급이나 수준 따위의 차이를 두어서 구별함.
❺ **소질**: 본디부터 가지고 있는 성질. 또는 타고난 능력이나 기질

글을 이해해요

중심 낱말 찾기

01 다음 빈칸에 들어갈 낱말을 이 글에서 찾아 쓰세요.

신사임당은 그림 실력, 글씨와 글을 쓰는 능력이 훌륭한 (   )한 인물이었다.

✎ _____

내용 이해

02 이 글의 내용과 일치하는 것은 무엇인가요? [✎   ]

① 신사임당은 5남매를 키웠다.

② 신사임당은 그림 실력이 뛰어났다.

③ 신사임당은 성균관에서 유교 경전을 공부하였다.

④ 신사임당은 결혼 후에 작품 활동을 하지 못하였다.

⑤ 신사임당의 아버지는 여자가 교육받는 것에 반대하였다.

어휘 확인

03 다음 문장의 빈칸에 들어갈 낱말을 보기 에서 찾아 쓰세요.

보기
소양   차별   후대

❶ 문화유산을 잘 보존하여 (   )에 물려주어야 한다.

❷ 문학적 (   )을/를 키우기 위해 책을 많이 읽어야 한다.

❸ 학교에서는 인종 (   )을/를 없애기 위한 캠페인이 열렸다.

내용 추론

04 신사임당의 자녀들이 다음과 같이 성장할 수 있었던 까닭을 신사임당의 교육관과 관련하여 쓰세요.

신사임당의 첫째 딸 이매창은 그림에 재능이 뛰어났고, 셋째 아들 이이는 조선을 대표하는 학자로 성장하였으며, 막내아들 이우는 거문고, 글씨, 그림에 능해 이름을 떨쳤다.

✎ _____

_____

신사임당

글을 읽으면서 중요하다고 생각하는 낱말에 색칠해 보세요.

② 조선의 화가

신사임당은 조선 시대에 그림을 잘 그리는 화가로 유명하였어요. 그녀는 특히 풀과 풀벌레를 그린 초충도를 많이 그렸어요. 신사임당이 살던 조선 시대에는 여자들이 자유롭게 돌아다니기 어려웠기 때문에 그녀는 주위에서 흔히 볼 수 있는 소재로 그림을 그린 것이에요. 훗날 조선의 왕 숙종은 그녀의 초충도를 보고 "풀과 벌레 모두 아주 똑같다."라며 칭찬하기도 하였지요.

신사임당의 뛰어난 그림 실력은 전해 내려오는 이야기를 통해서도 엿볼 수 있어요. 어느 날 신사임당은 잔칫집에 초대를 받아 양반집 부인들과 이야기를 나누고 있었어요. 그런데 음식을 나르던 ⑥하녀가 어느 부인의 치맛자락에 국을 흘리고 말았어요. 잔치에 오기 위해 새 옷을 입고 온 그 부인은 매우 ⑦난처해하였지요. 이때 신사임당이 그 부인에게 잠시 치마를 벗어 달라고 하더니, 붓을 들고 치마에 그림을 그리기 시작하였어요. 그러자 음식 자국으로 얼룩졌던 치마에 ⑧금세 ⑨싱싱한 포도송이가 생겨났답니다. 주위에서 이를 보고 있던 사람들은 신사임당이 그린 포도가 진짜 같아서 깜짝 놀랐다고 해요. 치마가 더럽혀져 속상해하던 부인도 그 치마를 보고 ⑩흡족해하며 신사임당에게 감사 인사를 전하였어요.

진짜 포도같아요.

---

⑥ **하녀**: 부엌일이나 허드렛일을 맡아서 하는 여자 하인

⑦ **난처하다**: 이럴 수도 없고 저럴 수도 없어 처신하기 곤란하다.

⑧ **금세**: 지금 바로

⑨ **싱싱하다**: 시들거나 상하지 아니하고 생기가 있다.

⑩ **흡족**: 조금도 모자람이 없을 정도로 넉넉하여 만족함.

정답 108쪽

중심 낱말 찾기
05 다음에서 설명하는 그림을 무엇이라고 하는지 이 글에서 찾아 쓰세요.

> 풀과 풀벌레를 그린 그림으로, 신사임당은 이 그림을 자주 그렸다.

어휘 확인

06 신사임당이 초충도를 많이 그린 까닭으로 알맞은 것을 에서 골라 그 기호를 모두 쓰세요.

> **보기**
> ㉠ 주위에서 흔히 볼 수 있는 소재였기 때문에
> ㉡ 다른 화가들이 초충도를 많이 그렸기 때문에
> ㉢ 신사임당이 풀과 벌레를 묘사하는 데 뛰어났기 때문에
> ㉣ 조선 시대에 여자들은 자유롭게 돌아다닐 수 없었기 때문에

어휘 확인

07 다음 밑줄 친 낱말과 바꾸어 쓸 수 있는 낱말은 무엇인가요? [ ]

> 나는 혼자서 여행을 가고 싶었는데, 내 친구가 여행에 함께 가고 싶다고 말하여서 나를 <u>난처하게</u> 하였다.

① 슬프게　　　　　② 곤란하게　　　　　③ 만족하게
④ 흡족하게　　　　⑤ 새삼스럽게

중심 내용 찾기

08 이 글의 중심 내용으로 알맞은 것은 무엇인가요? [　　　　]

① 신사임당은 그림 실력이 뛰어났다.
② 신사임당은 초충도를 많이 그렸다.
③ 신사임당은 양반집 부인들과 친하게 지냈다.
④ 조선 시대에는 여자들이 자유롭게 돌아다니기 어려웠다.
⑤ 조선 시대에는 치마에 포도송이를 그리는 것이 유행하였다.

|시대| 조선 시대

14 이순신

글을 읽으면서 중요하다고 생각하는 낱말에 색칠해 보세요.

❶ 무과에 합격하다

버드나무로 처치를 했으니 시험을 끝까지 보자!

　이순신은 28세 때 무관을 뽑는 과거 시험인 무과에 응시하였어요. 그런데 시험을 보던 중에 말에서 떨어져 다리를 다치고 말았어요. 그러자 그는 근처에 있던 버드나무의 껍질을 벗겨 다친 다리를 ^❶동여매고 시험을 끝까지 보았어요. 이렇게 최선을 다하였지만 이순신은 무과 시험에서 ^❷낙방하였지요. 그래도 이순신은 포기하지 않고 4년 뒤에 다시 무과 시험에 도전하여 합격하였고, 32세의 나이로 관직 생활을 시작하였답니다.

　이순신은 부정부패에 휘둘리지 않는 ^❸강직한 사람이었어요. ㉠이순신은 관직 생활 중에 상관으로부터 자신의 친지를 승진시키기 위해 도와 달라는 부탁을 받은 적이 있었어요. 이를 거절하면 자신의 위치가 위태로울 수 있었음에도 이순신은 그 요구를 받아들이지 않았어요. 이 사건 때문에 이순신은 ^❹파직을 당하기도 하였어요.

　이순신은 바른 성품과 뛰어난 능력을 바탕으로 빠르게 승진하였어요. 임진왜란이 일어나기 1년 전에는 전라좌도의 수군을 지휘하고 감독하는 전라좌수사로 ^❺임명되었지요. 그리고 그는 언젠가 일본의 공격이 있을 것에 대비하여 거북선을 만드는 등 수군을 강화시켜 갔어요.

---

❶ **동여매다**: 끈이나 새끼, 실 따위로 두르거나 감거나 하여 묶다.
❷ **낙방**: 과거 시험에 응하였다가 떨어짐.
❸ **강직하다**: 마음이 꼿꼿하고 곧다.
❹ **파직**: 관직에서 물러나게 함.
❺ **임명**: 일정한 지위나 임무를 남에게 맡김.

중심 낱말 찾기

01 다음에서 공통적으로 설명하는 인물을 이 글에서 찾아 쓰세요.

- 28세에 무과 시험을 보던 중 말에서 떨어져 낙방하였다.
- 32세의 나이로 관직 생활을 시작하였다.
- 전라좌도의 수군절도사로, 거북선을 만드는 등 수군을 강화시켰다.

내용 이해

02 이 글을 읽고 알 수 있는 내용으로 알맞지 <u>않은</u> 것은 무엇인가요? [ ]

① 이순신이 결혼한 나이
② 이순신이 임명된 관직
③ 이순신이 무과 시험에 응시한 나이
④ 이순신이 관직 생활을 시작한 나이
⑤ 이순신이 무과 시험에 불합격한 이유

어휘 확인

03 다음 낱말의 뜻을 찾아 선으로 이으세요.

1 임명	•		•	ㄱ 관직에서 물러나게 함.
2 파직	•		•	ㄴ 마음이 꼿꼿하고 곧다.
3 강직하다	•		•	ㄷ 일정한 지위나 임무를 남에게 맡김.

내용 추론

04 ㉠을 통해 이순신의 성격을 짐작한 것으로 알맞은 것은 무엇인가요? [ ]

① 자신만만하다: 매우 자신이 있다.
② 이기적이다: 자기 자신의 이익만을 꾀한다.
③ 정이 많다: 사랑이나 친근감을 느끼는 마음이 많다.
④ 청렴하다: 성품과 행실이 높고 맑으며, 탐욕이 없다.
⑤ 기회주의적이다: 그때그때의 정세에 따라 이로운 쪽으로 행동한다.

이순신

글을 읽으면서 중요하다고 생각하는 낱말에 색칠해 보세요.

② 한산도 앞바다에서 왜적을 물리치다

1592년 4월 일본군이 조선을 침입해 왔어요. 이를 임진왜란이라고 해요. 오랫동안 평화를 누렸던 조선의 육군은 일본군의 기습 공격을 막아 내기 어려웠지요. 이때 바다에서 이순신 장군이 지휘하는 조선 수군이 일본군을 잇달아 무찔렀어요.

이순신과 조선의 함대는 옥포 해전에서의 승리를 시작으로 일본 수군을 ^⑥격파해 나갔어요. 이 중 가장 크게 승리한 전투는 한산도 대첩이에요. 1592년 여름, 일본군이 사천 일대에 출몰한다는 보고를 받은 이순신은 통영과 거제도 사이의 좁고 긴 수로인 견내량에 조선의 판옥선 몇 척을 보냈어요. 이 배들은 일본 수군을 넓은 한산도 앞바다로 끌어내기 위한 ^⑦미끼였지요. 조선의 배들은 후퇴하는 척하며 일본의 배를 ^⑧유인하였어요. 일본 수군이 한산도 앞바다로 나오자, 조선 수군은 판옥선을 빠르게 돌려 학이 날개를 편 듯한 학익진 진형을 갖추고 일본군을 향해 일제히 ^⑨발포하였어요. 그 자리에서 곧바로 방향 전환이 가능하였던 판옥선의 장점을 이용한 공격이었어요. 거북선은 일본 배들 사이를 돌진하여 ^⑩진영을 흩뜨려 놓는 역할을 하였어요. 급하게 조선군을 뒤쫓던 일본군은 조선군의 반격에 크게 패하였는데, 이 전투가 한산도 대첩이에요.

---

⑥ **격파**: 어떠한 세력이나 함선, 비행기 따위를 공격하여 무찌름.
⑦ **미끼**: 사람이나 동물을 꾀어내기 위한 물건이나 수단을 비유적으로 이르는 말
⑧ **유인**: 주의나 흥미를 일으켜 꾀어냄.
⑨ **발포**: 총이나 포를 쏨.
⑩ **진영**: 군대가 진을 치고 있는 곳

중심 낱말 찾기
05 이 글의 내용과 일치하도록 괄호 안의 낱말 중 알맞은 것에 ◯표 하세요.

1 임진왜란 초기에 조선의 [수군, 육군]은 일본군의 공격을 막지 못하였다.

2 이순신이 이끄는 조선 수군이 처음 승리한 전투는 [옥포 해전, 한산도 대첩]이다.

내용 이해
06 이 글의 내용과 일치하지 <u>않는</u> 것은 무엇인가요? [✎   ]

① 1592년에 임진왜란이 일어났다.

② 한산도 대첩에서 거북선은 사용되지 않았다.

③ 옥포 해전에서 조선의 함대는 일본 수군에 승리하였다.

④ 조선의 판옥선은 그 자리에서 곧바로 방향 전환이 가능하였다.

⑤ 조선 수군이 일본 수군에 가장 크게 승리한 전투는 한산도 대첩이다.

어휘 확인
07 다음 문장의 빈칸에 들어갈 낱말을 보기에서 찾아 쓰세요.

보기

	발포	유인	진영

1 미끼는 물고기를 (   )하는 데 쓰였다.

2 병사들은 장군의 (   ) 명령에 따라 일제히 총을 쏘았다.

3 며칠 동안 계속된 적들의 공격으로 우리 (   )에 큰 피해가 발생하였다.

중심 내용 찾기
08 다음 빈칸을 채워 이 글의 내용을 정리해 보세요.

이순신이 이끄는 조선 수군은 [ ][ ][ ] 대첩에서 학이 날개를 편 듯이 진형을

만드는 [ ][ ][ ] 전법을 써서 일본군에 큰 승리를 거두었다.

|시대| 조선 시대

15 곽재우

글을 읽으면서 중요하다고 생각하는 낱말에 색칠해 보세요.

❶ 홍의장군 곽재우

　곽재우는 본래 장군이 아닌 ❶선비였어요. 그는 과거에 합격하였지만 과거 시험 전체가 취소되는 일이 생겼고, 그 후 고향인 경상북도 의령에서 학문을 연구하며 은거하고 있었지요. 그러던 어느 날 일본군이 부산을 점령하고 ❷북진하고 있다는 소식을 듣게 되었어요. 임진왜란이 일어난 것이에요. 곽재우는 선조가 한양을 떠나 의주로 피난을 간다는 소식까지 들리자 가만히 있을 수 없다고 생각하였어요. 자신과 뜻을 같이 하는 사람들과 함께 ❸의병을 일으켜야겠다고 결심한 것이지요. 곽재우는 ❹사재를 털어 의령에서 의병을 조직하였어요. 처음에는 사람들이 일본군을 두려워해서 의병에 가담하는 것을 ❺주저하였어요. 하지만 곽재우가 진심 어린 말로 마을 사람들을 설득하였고, 처음에는 십여 명밖에 되지 않았던 의병이 곧 이천여 명으로 늘었어요.

　곽재우는 의병을 이끌 때 붉은색 옷을 입었기 때문에 붉을 '홍(紅)'에 옷 '의(衣)' 자를 써서 홍의장군으로 불렸어요. 곽재우가 붉은 색 옷을 입고 왜적들을 상대로 여러 번의 전투에서 승리를 거두자, 일본군은 붉은 색 옷만 봐도 싸움을 포기하고 도망치기 바빠졌답니다.

---

❶ **선비:** 예전에, 학식은 있으나 벼슬하지 않은 사람을 이르던 말
❷ **북진:** 북쪽으로 진출하거나 진격함.
❸ **의병:** 국가가 외침을 받아 위급할 때 국민이 자발적으로 조직하는 군대
❹ **사재:** 개인이 소유하고 있는 재산
❺ **주저:** 머뭇거리며 망설임.

중심 낱말 찾기

01 다음에서 공통적으로 설명하는 인물을 이 글에서 찾아 쓰세요.

> • 경상북도 의령에 은거해 있다가 임진왜란이 일어나자 의병을 조직하였다.
> • 붉은색 옷을 입은 장군이라는 뜻의 '홍의장군'으로 불렸다.

내용 이해

02 이 글의 내용과 일치하는 것은 무엇인가요? [ ]

① 곽재우의 고향은 전라북도 익산이다.

② 곽재우는 사재를 털어 의병을 조직하였다.

③ 곽재우가 조직한 의병은 처음에 이천여 명이었다.

④ '홍의장군'은 무지개 색 옷을 입은 장군이란 의미이다.

⑤ 임진왜란 당시 곽재우는 한양을 버리고 의주로 피난하였다.

어휘 확인

03 다음 낱말의 뜻을 찾아 선으로 이으세요.

1 사재 • • ㄱ 머뭇거리며 망설임.

2 의병 • • ㄴ 개인이 소유하고 있는 재산

3 주저 • • ㄷ 국가가 외침을 받아 위급할 때 국민이 자발적으로 조직하는 군대

중심 내용 찾기

04 다음 빈칸을 채워 이 글의 내용을 정리해 보세요.

임진왜란이 일어나자 곽재우는 ☐☐ 을 일으켰으며, 붉은 색 옷을 입고 싸워서 ☐☐☐☐ 이라고 불렸다.

곽재우

글을 읽으면서 중요하다고 생각하는 낱말에 색칠해 보세요.

② 정암진 전투에서 승리하다

임진왜란 때 우리나라를 쳐들어온 일본군의 일부는 전라도 방향으로 진격하기 위해 ^⑥정찰대를 보냈어요. 하지만 곽재우는 일본군이 전라도 지역으로 진격하기 위해서는 정암진 부근을 지날 것이라고 ^⑦예측하고, 병사 몇몇을 ^⑧선발하여 일본군 정찰대가 올 것에 대비하였어요.

일본군 정찰대는 정암진 일대가 ^⑨늪이기 때문에 ^⑩통행이 어렵다는 것을 알아채고, 자신들의 부대가 늪지대를 무사히 통과할 수 있도록 나무 막대를 박아 길을 표시해 두었어요. 이를 안 곽재우는 병사들에게 일본군이 설치해 놓은 나무 막대 표시의 방향을 바꾸어 놓도록 하였지요.

다음날 곽재우는 병사들과 언덕에 숨어 일본군을 기다렸어요. 일본군이 우리 병사들이 바꾸어 놓은 나무 막대 표시를 쫓아가다 늪지대에 빠지자, 곽재우는 병사들에게 총공격을 명령하였어요. 그 결과 일본군은 2천여 명이 사망하였고, 결국 전라도 지역으로 진출하는 것을 포기하게 되었답니다. 이 전투를 정암진 전투라고 해요. 정암진 전투는 50여 명에 불과한 곽재우와 의병이 이루어 낸 성과였답니다.

---

⑥ **정찰**: 작전에 필요한 자료를 얻으려고 적의 정세나 지형을 살피는 일
⑦ **예측**: 미리 헤아려 짐작함.
⑧ **선발**: 많은 가운데서 골라 뽑음.
⑨ **늪**: 땅바닥이 우묵하게 뭉떡 빠지고 늘 물이 괴어 있는 곳
⑩ **통행**: 일정한 장소를 지나다님.

중심 낱말 찾기

05 다음에서 설명하는 전투를 이 글에서 찾아 쓰세요.

일본군이 늪지대를 지날 때 곽재우와 의병이 총공격하여 일본군 2천여 명을 격퇴하였다.

내용 이해

06 이 글의 내용과 일치하지 <u>않는</u> 것은 무엇인가요? [　　　　]

① 곽재우는 일본군 정찰대가 올 것에 대비하였다.

② 일본군은 전라도 방향으로 진격하기 위해 정찰대를 보냈다.

③ 정암진 전투에서 2천여 명의 우리 병사들이 일본군을 격파하였다.

④ 정암진 전투에서 패배한 일본군은 전라도 지역으로의 진출을 포기하였다.

⑤ 일본군은 우리 병사들이 바꾸어 놓은 나무 막대 표시를 쫓아가다 늪지대에 빠졌다.

어휘 확인

07 다음 문장의 빈칸에 들어갈 낱말을 보기 에서 찾아 쓰세요.

보기

선발　　　정찰　　　통행

❶ 공사가 한창이어서 차량의 (　　　　　)이 금지되었다.

❷ 수지는 다가오는 올림픽의 국가 대표로 (　　　　　)되었다.

❸ 보고서에는 적의 움직임을 (　　　　　)한 내용이 쓰여 있었다.

내용 추론

08 곽재우가 이끈 의병이 정암진 전투에서 승리할 수 있었던 까닭을 바르게 말한 어린이는 누구인지 쓰세요.

바다	곽재우와 의병이 일본군보다 좋은 무기를 가진 덕분이에요.
지연	곽재우와 의병이 직업 군인인 관군보다 많은 훈련을 한 덕분이에요.
훈정	곽재우와 의병이 자신들에게 익숙한 지리를 활용한 전법을 쓴 덕분이에요.

| 시대 | 조선 시대

16 권율

글을 읽으면서 중요하다고 생각하는 낱말에 색칠해 보세요.

❶ 기지를 발휘하다

조선의 장군이었던 권율은 아버지가 돌아가신 후 과거 공부를 시작하였어요. 그리고 46세라는 비교적 늦은 나이에 과거 시험에 합격하여 관직에 진출하였어요.

권율이 관직에 오른 뒤 조선에서는 임진왜란이 일어났어요. 권율도 군사를 ❶지휘하며 일본군과 싸웠지요. 권율은 독산성에 머물면서 수원 부근에 ❷주둔한 일본군을 상대로 ❸유격전을 펼쳤어요. 그러자 일본군은 독산성을 포위하였어요. 엎친 데 덮쳐 독산성에 물이 부족하여 권율의 부대는 어려움을 겪게 되었어요.

일본군은 독산성 안의 어려운 상황을 알고 이들을 공격하려고 하였어요. 그러자 권율 장군은 쌀을 말에게 쏟아 붓게 하였어요. 쌀로 말을 씻기는 ❹시늉을 하여 물이 부족한 상황을 감추려고 한 것이에요. 이를 지켜보던 일본군은 독산성에 물로 말을 씻을 정도로 물이 풍부하다고 생각하여 포위를 풀고 독산성에서 물러났답니다. 권율 장군의 뛰어난 ❺전략으로 일본군과의 불리한 전투를 피할 수 있었던 것이지요. 이때부터 권율 장군이 말을 씻긴 곳을 씻을 '세(洗)'에 말 '마(馬)'를 써서 세마대로 부르게 되었답니다.

쌀을 말에게 부어라.

---

❶ **지휘:** 목적을 효과적으로 이루기 위하여 단체의 행동을 통솔함.
❷ **주둔:** 군대가 임무 수행을 위하여 일정한 곳에 집단적으로 얼마 동안 머무르는 일
❸ **유격전:** 적의 배후나 측면을 소규모의 유격대가 기습·교란·파괴하는 전투
❹ **시늉:** 어떤 모양이나 움직임을 흉내 내어 꾸미는 행동
❺ **전략:** 전쟁을 전반적으로 이끌어 가는 방법

중심 낱말 찾기

01 다음에서 설명하는 곳을 이 글에서 찾아 쓰세요.

이곳은 '말을 씻다.'라는 뜻을 가진 곳으로, 권율 장군이 독산성에서 쌀로 말을 씻기는 시늉을 하도록 하여 일본군을 물리친 이후로 이름이 붙여졌다.

✎ _____

내용 이해

02 '세마대'라는 이름의 유래로 알맞은 것은 무엇인가요? [✎]

① 일본군이 독산성을 포위하였다.

② 권율이 쌀로 말을 씻기게 하였다.

③ 독산성에 우물이 있어 물이 풍족하였다.

④ 권율이 40대에 과거 시험에 합격하였다.

⑤ 권율이 일본군을 상대로 유격전을 펼쳤다.

어휘 확인

03 다음 문장의 빈칸에 들어갈 낱말을 보기에서 찾아 쓰세요.

보기

시늉   전략   지휘

❶ 내가 화를 내자 동생은 우는 (   )을/를 하였다.

❷ 사건은 담당 검사의 (   )(으)로 빠르게 처리되었다.

❸ 우리에게는 뛰어난 (   )와/과 이를 수행할 우수한 병사가 있다.

중심 내용 찾기

04 다음 빈칸을 채워 이 글의 내용을 정리해 보세요.

임진왜란이 일어났을 때 ☐☐ 은 독산성에서 ☐로 말을 씻기는 전략을 펼쳐 일본군이 스스로 물러나게 하였다.

권율

② 행주 대첩을 승리로 이끌다

권율은 임진왜란 중에 일본군에게 빼앗긴 수도 한양을 되찾고자 하였어요. 그는 한양 [6]탈환 작전에 행주산성이 적합하다고 생각하여 3천여 명의 [7]병졸들을 이끌고 행주산성으로 이동하였어요. 당시 일본군은 조선군을 도와주기로 한 명군을 벽제관에서 물리치고, 행주산성에 있는 조선군을 공격하기 위한 준비를 하였어요.

행주산성으로 이동한 권율은 [8]목책을 수리하고 화약 무기를 정비하여 전쟁에 대비하였어요. 일본군은 3만여 명의 병력을 일곱 개의 부대로 나누어 행주산성을 공격하였어요. 권율의 지휘 아래 조선군은 목책을 넘으려는 일본군에게 활을 쏘아 올라오지 못하게 하였어요. 또한 조선군은 화약 무기도 총동원하였는데, 특히 신기전, 총통기 등의 [9]화차는 멀리서 몰려오는 일본군에게 큰 피해를 주었지요. 조선군의 공격으로 일본군의 총사령관이 부상을 입자 일본군은 후퇴하기 시작하였어요. 멀리서 조선의 지원군이 도착한다는 소식까지 들리자 일본군은 행주산성에서 완전히 [10]퇴각하였지요. 이 전투를 행주 대첩이라고 해요. 마침내 일본군은 경상도 바닷가 지역으로 후퇴하였고, 조선은 수도 한양을 되찾게 되었답니다.

---

[6] **탈환**: 빼앗겼던 것을 도로 빼앗아 찾음.

[7] **병졸**: 예전에, 군인이나 군대를 이르던 말

[8] **목책**: 말뚝 따위를 죽 잇따라 박아 만든 울타리

[9] **화차**: 전쟁 때에, 불로 적을 공격하는 데 쓰던 수레

[10] **퇴각**: 뒤로 물러감.

05 다음 ㄱ, ㄴ에 들어갈 낱말을 이 글에서 찾아 각각 쓰세요.

권율은 일본군에게 빼앗긴 수도 (ㄱ   )을 되찾기 위해 병졸들을 이끌고
(ㄴ   )으로 이동하였다.

✎ ㄱ: ㄴ:

06 이 글의 내용과 일치하지 않는 것은 무엇인가요?   [✎   ]

① 명군은 벽제관에서 일본군에게 패하였다.

② 조선군은 화차를 이용해 일본군을 공격하였다.

③ 행주 대첩에서 일본군의 총사령관이 부상을 입었다.

④ 일본군은 부대를 세 개로 나누어 행주산성을 공격하였다.

⑤ 권율은 일본군의 침입에 대비하여 행주산성을 정비하였다.

07 다음 낱말의 뜻을 찾아 선으로 이으세요.

1 목책 •   • ㄱ 뒤로 물러감.

2 탈환 •   • ㄴ 빼앗겼던 것을 도로 빼앗아 찾음.

3 퇴각 •   • ㄷ 말뚝 따위를 죽 잇따라 박아 만든 울타리

08 이 글을 읽고 행주 대첩의 의의를 바르게 말한 어린이는 누구인지 쓰세요.

세진	수도 한양을 되찾는 계기가 되었어요.
원일	임진왜란에서 일어난 마지막 전투였어요.
형기	외교적 협상으로 승리를 거둔 전투였어요.

✎

| 시대 | 조선 시대

허난설헌

글을 읽으면서 중요하다고 생각하는 낱말에 색칠해 보세요.

❶ 뛰어난 글쓰기 능력을 보이다

가 허난설헌의 ^❶본명은 허초희예요. 후에 난설헌이라는 ^❷호를 사용하여 허난설헌이라고 불리게 되었지요. 1563년 강원도 강릉에서 태어난 허난설헌은 어릴 때부터 기억력이 좋고 막힘없이 글을 잘 써서 여자 ^❸신동이라고 불렸어요. 그래서 허난설헌의 아버지는 딸에게 직접 글을 가르쳤고, 허난설헌의 오빠인 허봉은 당대의 유명한 시인이었던 이달을 자신의 동생인 허난설헌과 허균의 선생님으로 모셨어요. 가족들의 노력에 힘입어 허난설헌은 글을 배우고 자신의 재능을 펼치면서 어린 시절을 보냈답니다.

나 허난설헌이 8세에 쓴 「광한전 백옥루 상량문」이라는 글은 그녀의 뛰어난 글쓰기 능력을 보여 주어요. 상량문은 집을 지을 때 건물이 잘 지어지기를 바라며 쓰는 글이에요. 허난설헌은 ^❹신선 세계에 있는 상상의 궁궐인 광한전 백옥루를 짓는 데 수십 명의 신선들과 자신이 초대되었다고 ^❺가상하였어요. 그런데 상량문을 쓸 작가가 없자 자신이 그 글을 작성한 것이에요. 「광한전 백옥루 상량문」을 읽어 본 어른들은 허난설헌의 글쓰기 실력이 너무 뛰어나 다들 놀랐답니다.

---

❶ **본명**: 가명이나 별명이 아닌 본디 이름
❷ **호**: 본명 이외에 쓰는 이름으로, 허물없이 쓰기 위하여 지은 이름임.
❸ **신동**: 재주와 슬기가 남달리 특출한 아이
❹ **신선**: 도(道)를 닦아서 현실의 인간 세계를 떠나 자연과 벗하며 산다는 상상의 사람
❺ **가상하다**: 사실이 아니거나 사실 여부가 분명하지 않은 것을 사실이라고 가정하여 생각하다.

중심 낱말 찾기

01 각 문단의 중심 낱말을 찾아 쓰세요.

가 문단: 여자 [ ][ ]이라고 불린 허난설헌

나 문단: 허난설헌의 뛰어난 [ ][ ][ ] 능력

내용 이해

02 이 글의 내용과 일치하면 ○, 일치하지 않으면 ✕에 표시하세요.

1 허난설헌의 호는 초희이다. [○ / ✕]

2 허난설헌은 글쓰기 능력이 뛰어났다. [○ / ✕]

3 허봉은 이달을 허난설헌과 허균의 선생님으로 모셨다. [○ / ✕]

4 허난설헌의 아버지는 딸에게는 공부가 필요 없다고 생각하였다. [○ / ✕]

어휘 확인

03 다음 낱말의 뜻을 찾아 선으로 이으세요.

1 본명 •   • ㄱ 가명이나 별명이 아닌 본디 이름

2 신동 •   • ㄴ 재주와 슬기가 남달리 특출한 아이

3 신선 •   • ㄷ 도(道)를 닦아서 현실의 인간 세계를 떠나 자연과 벗하며 산다는 상상의 사람

내용 추론

04 나 문단을 읽고 허난설헌에 대해 다음과 같이 평가할 때, 빈칸에 들어갈 알맞은 말은 무엇인가요? [✎   ]

허난설헌은 (   )이 뛰어난 사람이었다.

① 관찰력   ② 비판력   ③ 상상력

④ 순발력   ⑤ 추리력

허난설헌

글을 읽으면서 중요하다고 생각하는 낱말에 색칠해 보세요.

❷ 조선을 대표하는 문인이 되다

허난설헌은 15세 때 안동 김씨 집안의 김성립과 결혼을 하였어요. 남편의 집은 엄격한 [6]사대부 집안이어서 허난설헌은 예전처럼 자유롭게 글을 쓰며 지내기 어려웠어요. 그래도 허난설헌은 책과 글을 가까이하며 많은 문학 작품을 남겼답니다.

허난설헌은 결혼 후에 여러 어려움을 겪었어요. 남편은 허난설헌의 능력을 질투하여 그녀를 미워하고 밖으로만 돌아다녔어요. 게다가 허난설헌은 자신의 어린 딸과 아들을 연이어 잃고 말았어요. 허난설헌은 자식을 떠나보낸 슬픈 마음을 「곡자」라는 시로 남겼어요. 「곡자」에는 '지난해에는 사랑하는 딸을 잃고, 올해에는 사랑하는 아들까지 잃었소. 슬프디슬픈 광릉 땅에 두 무덤이 나란히 마주 보고 서 있구나.'라는 내용이 담겨 있어요.

건강이 악화된 허난설헌은 27세의 나이로 세상을 떠나고 말았어요. 그녀의 동생 허균은 허난설헌의 시를 모아 『난설헌집』이라는 시집을 펴냈어요. 허난설헌의 시에 [7]감명받은 명나라 사신을 통해 중국에서도 『난설헌집』이 [8]간행되었지요. 이 시집은 일본에서도 [9]출간되면서 일본의 여성 시인들에게 많은 영향을 끼쳤답니다. 점차 허난설헌은 조선을 대표하는 [10]문인으로 널리 알려지게 되었어요.

---

[6] **사대부**: 고려, 조선 시대에 관리 등을 지낸 지배 계층

[7] **감명**: 감격하여 마음에 깊이 새김.

[8] **간행**: 책 따위를 인쇄하여 발행함.

[9] **출간**: 서적이나 회화 따위를 인쇄하여 세상에 내놓음.

[10] **문인**: 글과 글씨를 쓰는 일에 종사하는 사람

중심 낱말 찾기

05 다음에서 설명하는 시집을 이 글에서 찾아 쓰세요.

> 허난설헌이 세상을 떠난 뒤에 허균이 허난설헌의 시를 모아 펴낸 시집으로, 명나라 사신을 통해 중국에서도 간행되었다.

🖉 _____

내용 이해

06 이 글의 내용과 일치하지 <u>않는</u> 것은 무엇인가요? [🖉]

① 허균은 허난설헌의 동생이다.
② 허난설헌은 「곡자」라는 시를 썼다.
③ 허난설헌은 결혼 후 작품을 남기지 못하였다.
④ 명나라의 사신은 허난설헌의 시에 감명받았다.
⑤ 허난설헌은 안동 김씨 집안의 김성립과 결혼하였다.

어휘 확인

07 다음 밑줄 친 낱말과 바꾸어 쓸 수 있는 낱말은 무엇인가요? [🖉]

> 김 작가의 새로운 작품은 <u>출판</u>되자마자 큰 인기를 끌었다. 이에 힘입어 그의 작품은 해외에서도 번역되어 <u>출판</u>되었고, 높은 판매량을 보이고 있다.

① 개척   ② 단판   ③ 단행   ④ 보급   ⑤ 출간

중심 내용 찾기

08 다음 빈칸을 채워 이 글의 내용을 정리해 보세요.

> ☐☐☐☐ 은 결혼한 이후 어려운 생활 속에서도 책과 글을 가까이하며 많은 문학 작품을 남겨 조선을 대표하는 ☐☐ 으로 널리 알려지게 되었다.

|시대| 조선 시대

18 이황

글을 읽으면서 중요하다고 생각하는 낱말에 색칠해 보세요.

① 끊임없이 성리학을 연구하다

이황은 1501년에 태어났어요. 그는 태어난 지 1년도 되지 않아 아버지를 잃고, 어머니의 교육을 받으며 자랐어요. 12세 때부터는 작은아버지 이우로부터 ^①성리학을 배웠어요. 그런데 얼마 지나지 않아 작은아버지마저 세상을 떠나고 말았지요. 이에 이황은 ^②독학으로 성리학을 연구하며 스스로 많은 깨달음을 얻었답니다.

이황은 서른 살이 넘은 나이에 과거 시험에 합격하여 벼슬길에 올랐어요. 이후 여러 관직을 거쳐 성균관 대사성에 이르렀지요. 성균관 대사성은 성균관에서 학생들을 가르치고 길러 내는 책임자였답니다.

조선이 정치적으로 혼란해지자, 이황은 벼슬에서 물러나 고향에 은거하면서 제자를 기르기로 하였어요. 이황의 ^③문명이 드높았기 때문에 이후에도 여러 차례 조정에서 벼슬을 주려고 하였으나, 그는 벼슬길을 거부하였어요. 조정의 끈질긴 요청을 이기지 못해 벼슬에 나아간 경우도 있었지만 곧 ^④사직하여 고향으로 돌아갔답니다. 고향에서 이황은 꾸준히 학문을 ^⑤연마하고 제자들을 가르쳤어요.

---

① 성리학: 중국 송나라 때 주희가 집대성한 유학의 한 파
② 독학: 스승이 없이, 또는 학교에 다니지 아니하고 혼자서 공부함.
③ 문명: 글을 잘하여 세상에 알려진 이름
④ 사직: 맡은 직무를 내놓고 물러남.
⑤ 연마: 학문이나 기술 따위를 힘써 배우고 닦음.

글을 이해해요

정답 113쪽

중심 낱말 찾기

01 다음 밑줄 친 '이 학문'을 이 글에서 찾아 쓰세요.

이황은 12세 때부터 작은아버지 이우로부터 이 학문을 배웠고, 작은아버지가 세상을 떠난 뒤에는 독학으로 이 학문을 연구하였다.

내용 이해

02 이 글을 읽고 알 수 있는 내용으로 알맞은 것은 무엇인가요? [   ]

① 이황의 아버지 이름

② 이황의 작은아버지가 죽은 해

③ 이황이 처음 받은 관직의 이름

④ 이황이 고향에 돌아간 뒤의 행보

⑤ 이황이 공부하며 얻은 깨달음의 내용

어휘 확인

03 다음 문장의 빈칸에 들어갈 낱말을 보기에서 찾아 쓰세요.

> **보기**
>
> 독학   사직   연마

❶ 승연이는 (   )(으)로 대학에 입학하였다.

❷ 기술자들은 새로운 기술을 (   )하기 위해 노력하였다.

❸ 경수는 회사를 (   )한 지 1년 만에 새로운 일자리를 구하였다.

중심 내용 찾기

04 다음 빈칸을 채워 이 글의 내용을 정리해 보세요.

☐☐은 어렸을 때부터 성리학을 연구하며 많은 깨달음을 얻었다. 벼슬길에 오른 그는 여러 관직을 거쳐 ☐☐☐ 대사성을 맡아 학생들을 가르쳤으며, 벼슬에서 물러난 뒤에는 고향에서 학문을 연마하고 제자들을 가르쳤다.

이황

글을 읽으면서 중요하다고 생각하는 낱말에 색칠해 보세요.

2 조선의 성리학 발전에 힘쓰다

유생들로 하여금 학문에 정진할 수 있도록 전하께서 사액을 내려 주실 것을 간청드립니다.

이황은 조선의 성리학 발전에 큰 [6]기여를 하였어요. 그는 많은 학생이 성리학을 공부하고 깨우쳐야 나라가 발전할 수 있다고 생각하여 백운동 서원을 사액 서원으로 만들어 달라고 중종에게 [7]청하였어요. 사액 서원이란 국왕으로부터 서적, 토지, 노비 등을 하사받아 학생들이 국가의 지원 속에서 공부할 수 있도록 만든 서원이에요. 중종은 백운동 서원을 사액 서원으로 정하여 소수 서원이라고 하고, 학생들이 학업에 집중할 수 있도록 [8]배려하였어요. 이후 고향으로 돌아온 이황은 도산 서당에서 학생들을 가르치고 학문을 연구하였답니다.

이황은 국왕의 성리학 학습에도 힘을 기울였어요. 선조가 즉위하였을 때 이황은 선조가 [9]성군이 되어 나라를 다스렸으면 좋겠다고 생각하였어요. 그래서 성군이 될 수 있는 요령을 도표로 그린 『성학십도』를 지어 선조에게 올렸지요. 『성학십도』에는 10개의 도표와 해설로 선조가 성리학을 쉽게 깨우칠 수 있도록 배려하였어요.

이황이 연구한 성리학은 일본에도 영향을 주었어요. 임진왜란이 일어났을 때 일본이 조선에서 많은 성리학 서적을 약탈해 갔는데, 이때 이황의 [10]저서와 작품 등이 일본에 건너가 일본의 성리학 발전에도 기여하였답니다.

---

[6] **기여**: 도움이 되도록 이바지함.

[7] **청하다**: 어떤 일을 이루기 위하여 남에게 부탁을 하다.

[8] **배려**: 도와주거나 보살펴 주려고 마음을 씀.

[9] **성군**: 어질고 덕이 뛰어난 임금

[10] **저서**: 책을 지음. 또는 그 책

중심 낱말 찾기

05 다음에서 설명하는 책을 이 글에서 찾아 쓰세요.

> 이황이 성군이 될 수 있는 요령을 도표로 그려 선조에게 올린 책으로, 10개의 도표와 해설로 선조가 성리학을 쉽게 깨우칠 수 있도록 한 책이다.

내용 이해

06 이 글의 내용과 일치하는 것은 무엇인가요?

① 이황은 일본의 성리학으로부터 영향을 받았다.
② 사액 서원이란 국왕이 공부하는 서원을 말한다.
③ 중종 때 백운동 서원이 사액 서원으로 정해졌다.
④ 이황은 고향의 소수 서원에서 학생들을 가르쳤다.
⑤ 이황은 선조에게 도산 서당을 사액 서원으로 만들어 달라고 청하였다.

어휘 확인

07 다음 낱말의 뜻을 찾아 선으로 이으세요.

 1 기여 •

2 성군 •

3 저서 •

• ㉠ 책을 지음. 또는 그 책

• ㉡ 도움이 되도록 이바지함.

• ㉢ 어질고 덕이 뛰어난 임금

내용 추론

08 이 글을 읽고 더 알고 싶은 내용을 알맞게 말한 어린이는 누구인지 쓰세요.

나희	이황이 『성학십도』를 저술한 이유가 무엇인지 알고 싶어.
봉수	백운동 서원이 사액 서원으로 정해지면서 바뀐 이름이 궁금해.
원철	일본의 성리학 발전에 기여한 이황의 서적에는 어떤 것들이 있는지 알고 싶어.

| 시대 | 조선 시대

이이

글을 읽으면서 중요하다고 생각하는 낱말에 색칠해 보세요.

❶ 구도 장원공, 이이

이이는 신사임당의 아들이에요. 신사임당은 이이가 태어난 방을 몽룡실이라고 불렀는데, 이는 검은 용이 바다에서 솟아올라 방으로 들어왔다는 [1]태몽에서 비롯된 이름이에요. 이이는 어린 시절을 [2]외가에서 보냈는데, 아주 영특하였어요.

이이는 13살이라는 어린 나이에 과거 시험의 첫 단계인 소과에 도전하였어요. 그런데 이 시험에서 최고 성적을 거두어 장원을 차지하였지요. 이후에도 이이는 [3]자만에 빠지지 않고 꾸준히 공부하였어요.

이이는 23세 때 이황을 만나기도 하였어요. 이이는 이황보다 25살이나 어렸지만 두 사람은 학문에 대해 이야기하고 토론하였어요. 이후에도 두 사람은 [4]서신을 교환하며 나이를 [5]초월한 만남을 이어 갔답니다.

이이는 소과에 합격한 이후 29세 때 대과에 합격하기까지 총 9번의 과거 시험에서 장원을 차지하였어요. 그래서 사람들은 이이를 '9번이나 장원한 분'이라는 뜻으로 '구도 장원공'이라고 불렀어요. 비로소 관직에 진출한 이이는 나라와 백성을 위한 관리가 되려고 노력하였답니다.

9번이나 장원 급제를 하였대요.

---

❶ **태몽**: 아이를 밸 것이라고 알려 주는 꿈

❷ **외가**: 어머니의 친정

❸ **자만**: 자신이나 자신과 관련 있는 것을 스스로 자랑하며 뽐냄.

❹ **서신**: 안부, 소식, 용무 따위를 적어 보내는 글

❺ **초월**: 어떠한 한계나 표준을 뛰어넘음.

중심 낱말 찾기

01 다음에서 설명하는 인물을 이 글에서 찾아 쓰세요.

이이의 어머니로, 이이가 태어난 방을 몽룡실이라고 불렀다.

내용 이해

02 이이가 '구도 장원공'이라고 불린 까닭으로 알맞은 것은 무엇인가요? [   ]

① 신사임당의 아들이기 때문에
② 이황과의 토론을 즐겼기 때문에
③ 어린 나이에 소과에 합격하였기 때문에
④ 9번의 과거 시험에서 장원을 차지하였기 때문에
⑤ 9번의 과거 시험을 통해 관직에 진출하였기 때문에

어휘 확인

03 다음 밑줄 친 낱말과 바꾸어 쓸 수 있는 낱말은 무엇인가요? [   ]

수연이가 이사를 간 후 1년 동안 우리는 꽤 자주 편지를 주고받았다. 그런데 최근 2개월 동안 수연이에게서 편지가 오지 않아서 수연이에게 무슨 일이 생긴 것은 아닌지 걱정이 되었다.

① 서류   ② 서신   ③ 저서   ④ 태몽   ⑤ 토론

중심 내용 찾기

04 다음 빈칸을 채워 이 글의 내용을 정리해 보세요.

어린 시절부터 영특하였던 [   ]는 소과에 합격한 이후 대과에 합격하기까지 총 9번의 과거 시험에서 모두 [   ]을 차지하여 당시 사람들에게 '구도 장원공'이라고 불렸다.

이이

글을 읽으면서 중요하다고 생각하는 낱말에 색칠해 보세요.

❷ 대공수미법을 제안하다

이이는 유학이 백성들의 삶을 좋게 만드는 데 쓰여야 한다고 생각하였어요. 그는 선조에게 『동호문답』을 지어 올리고, 상소문도 올려 백성들이 고통받는 문제를 해결하고자 하였어요. 또한 성리학의 핵심 내용을 ⑥요약해서 『성학집요』라는 책을 임금에게 지어 바쳐 임금이 나라를 바르게 이끌어 가기를 바랐답니다.

이이는 조세 제도를 개혁하기 위한 의견도 제안하였어요. 조선의 농민들은 공납이라는 세금을 ⑦납부해야 하였어요. 공납은 지역 특산물을 세금으로 내는 제도였는데요. 이것이 힘든 농민들은 ⑧아전이나 상인에게 공납을 대신 납부해 달라고 하였지요. 이 과정에서 아전과

상인들이 농민들로부터 많은 이자를 받았는데, 이것을 방납이라고 해요. 조선 시대에 많은 농민이 방납의 ⑨폐단으로 고통을 받았답니다.

이이는 방납의 폐단을 ⑩시정해서 농민들의 생활을 안정시키고자 하였어요. 그는 다른 관리들과 함께 지역마다 다양하게 걷던 공납을 쌀 등으로 통일해서 걷도록 하는 대공수미법을 건의하였어요. 대공수미법은 당시에는 실현되지 못하였으나, 이후에 대동법이라는 이름으로 시행되었답니다.

---

⑥ **요약**: 말이나 글의 요점을 잡아서 간추림.

⑦ **납부**: 세금이나 공과금 따위를 관계 기관에 냄.

⑧ **아전**: 조선 시대 중앙과 지방의 각 관청에 근무하던 하급 관리

⑨ **폐단**: 어떤 일이나 행동에서 나타나는 옳지 못한 경향이나 해로운 현상

⑩ **시정**: 잘못된 것을 바로잡음.

중심 낱말 찾기

05 다음 밑줄 친 '이것'은 무엇인지 이 글에서 찾아 쓰세요.

> 이것은 조선 시대에 아전이나 상인들이 공납을 납부하기 힘든 농민들을 대신해 납부해 주고 농민들로부터 많은 이자를 받은 일을 말한다. 조선 시대에 많은 농민이 이것의 폐단으로 고통받았다.

내용 이해

06 이 글의 내용과 일치하면 ○, 일치하지 않으면 ✕에 표시하세요.

① 대공수미법은 이이가 건의한 때에 바로 시행되었다. [○ / ✕]

② 조선 시대에 방납의 폐단으로 많은 농민이 고통받았다. [○ / ✕]

③ 대공수미법은 공납을 각 지역의 특산물로 내도록 한 제도이다. [○ / ✕]

④ 이이는 성리학의 핵심 내용을 요약해서 『성학집요』라는 책을 썼다. [○ / ✕]

어휘 확인

07 다음 낱말의 뜻을 찾아 선으로 이으세요.

1 납부 • 　　　• ㄱ 말이나 글의 요점을 잡아서 간추림.

2 시정 • 　　　• ㄴ 제도나 기구 따위를 새롭게 뜯어고침.

3 요약 • 　　　• ㄷ 세금이나 공과금 따위를 관계 기관에 냄.

내용 추론

08 이 글에 다른 제목을 붙일 때 가장 알맞은 것은 무엇인가요? [　　　]

① 출세에 힘쓴 이이

② 공납의 폐지를 주장한 이이

③ 오죽헌에서 태어난 신동 이이

④ 방납의 활성화를 주장한 이이

⑤ 백성들을 위한 정치를 펼친 이이

| 시대 | 조선 시대

광해군

글을 읽으면서 중요하다고 생각하는 낱말에 색칠해 보세요.

❶ 분조를 이끌다

1592년 임진왜란이 일어나자, 조선을 다스리던 선조는 피난을 갔어요. 그리고 일본군에게 혼란을 주기 위해 본조정과 별도로 임시 조정을 설치하여 분조를 만들기로 결정하였어요.

당시 조선에는 세자가 없었어요. 선조가 왕비인 의인 왕후가 아들을 낳으면 세자로 책봉하려고 세자 책봉을 미루었기 때문이에요. 그런데 전쟁 중에 임금이 잘못될 경우를 대비하여 세자를 책봉하여야 한다는 여론이 일어났어요. 결국 선조는 후궁의 아들 광해군을 세자로 책봉하고, 광해군이 분조를 이끌게 하였답니다.

광해군은 분조를 이끌고 함경도, 전라도 등지에서 ❶군량미와 의병을 모집하였어요. 의병에게 격문을 보내 ❷항전을 ❸독려하고, 군공을 세운 이들에게 상을 내리기도 하였지요. 광해군 자신도 ❹전장의 한복판에서 병사들과 함께 활약하였어요. 백성들은 ❺분전하는 광해군의 소식을 듣고 힘을 얻었고, 군사들의 사기도 높아졌어요. 광해군의 분조 활동이 토대가 되어서 조선은 임진왜란을 극복할 수 있었답니다.

> 나라의 존속과 절망이 오직 제군이 적을 죽이는 데 달렸으니 나라를 살리고 백성을 구하라.

---

❶ **군량미**: 군대의 양식으로 쓰는 쌀
❷ **항전**: 적에 대항하여 싸움.
❸ **독려**: 감독하며 격려함.
❹ **전장**: 싸움을 치르는 장소
❺ **분전**: 있는 힘을 다하여 싸움.

01 다음에서 공통으로 설명하는 인물을 이 글에서 찾아 쓰세요.

- 선조의 후궁이 낳은 아들이다.
- 임진왜란 중에 조선의 세자로 책봉되어 분조를 이끌었다.

02 이 글의 내용과 일치하는 것은 무엇인가요? [✎]

① 임진왜란은 1492년에 일어났다.

② 광해군은 임진왜란 때 분조를 이끌었다.

③ 백성들은 광해군의 분조 활동을 거부하였다.

④ 광해군은 분조를 이끌다 일본군에게 포로가 되었다.

⑤ 임진왜란 전에 선조는 광해군을 세자로 책봉하였다.

03 다음 문장의 빈칸에 들어갈 낱말을 보기에서 찾아 쓰세요.

> 보기
>
> 독려   분전   전장

❶ 그는 (   )에서 부상을 입었다.

❷ 나는 어머니의 (   ) 덕분에 공부를 열심히 할 수 있었다.

❸ 우리나라는 선수들의 (   )에 힘입어 올림픽에서 우수한 성적을 거두었다.

04 다음 빈칸을 채워 이 글의 내용을 정리해 보세요.

광해군은 세자로 책봉된 뒤에 선조의 명령에 따라 [ ][ ]를 이끌고 일본군에 항전하여 조선이 [ ][ ][ ][ ]을 극복하는 토대를 마련하였다.

광해군

글을 읽으면서 중요하다고 생각하는 낱말에 색칠해 보세요.

❷ 평화를 지키기 위한 외교

임진왜란 이후 북쪽의 정세가 변화하였어요. 명나라는 ^❻국력이 약해졌고, 여진족이 성장하여 후금을 세우고 영토를 확장해 갔어요. 명나라는 후금과 전쟁을 하기 위해 조선에 군사를 보내 달라고 요청하였어요. 임진왜란 때 자신들이 조선을 도와주었으니, 조선도 명나라의 후금 공격을 도와야 한다고 조선을 ^❼압박하였지요.

조선의 많은 신하가 명나라에 지원병을 보내야 한다고 말하였어요. 하지만 후금을 ^❽자극하면 후금이 조선을 침입할 수 있었기 때문에 광해군은 고민에 빠졌지요. 명나라는 조선을 도와주었지만 ^❾쇠약해지고 있었고, 후금은 오랑캐지만 강해지고 있었기 때문이에요.

마침내 광해군은 결단을 내렸어요. 그는 강홍립 장군에게 군대를 이끌고 후금을 공격하라고 하였어요. 하지만 강홍립에게는 후금을 적극적으로 공격하지 말고 때를 봐서 투항하라는 비밀 명령을 내렸지요. 강홍립은 명군과 함께 후금을 공격하였다가, 후금이 우세하자 후금에 항복하였어요. 이렇게 광해군이 명나라와 후금 사이에서 ^❿중립 외교 정책을 펼쳤기 때문에 조선은 전쟁을 피하고 평화를 유지할 수 있었답니다.

---

❻ **국력:** 한 나라가 지닌 정치, 경제, 문화, 군사 따위의 모든 방면에서의 힘
❼ **압박:** 기운을 못 펴게 세력으로 내리누름.
❽ **자극:** 어떠한 작용을 주어 감각이나 마음에 반응이 일어나게 함.
❾ **쇠약:** 힘이 쇠하고 약함.
❿ **중립:** 어느 편에도 치우치지 않고 중간적인 입장에 섬. 또는 그런 입장

정답 115쪽

05 다음 빈칸에 들어갈 낱말을 이 글에서 찾아 쓰세요.

> 광해군은 조선이 전쟁을 피하고 평화를 유지할 수 있도록 하기 위해 명나라와 후금 사이에서 (   ) 외교 정책을 펼쳤다.

내용 이해

06 이 글의 내용과 일치하면 ○, 일치하지 않으면 ×에 표시하세요.

❶ 임진왜란 이후 명나라는 강해지고 후금은 쇠약해졌다. [○ / ×]

❷ 광해군은 강홍립에게 후금을 공격하되, 때를 봐서 투항하라고 하였다. [○ / ×]

❸ 조선의 많은 신하는 조선이 명나라에 지원병을 보내야 한다고 말하였다. [○ / ×]

어휘 확인

07 다음 낱말의 뜻을 찾아 선으로 이으세요.

❶ 쇠약 •

❷ 압박 •

❸ 중립 •

• ㉠ 힘이 쇠하고 약함.

• ㉡ 기운을 못 펴게 세력으로 내리누름.

• ㉢ 어느 편에도 치우치지 않고 중간적인 입장에 섬. 또는 그런 입장

내용 추론

08 이 글에 나타난 광해군의 외교 정책을 바르게 평가한 어린이는 누구인지 쓰세요.

대현	실리적인 외교 정책이었어요.
영미	중국에 대한 도리를 지키는 외교 정책이었어요.
혜민	여진족에 굴복하는 굴욕적인 외교 정책이었어요.

실력 확인

01 태조 왕건이 평양을 서경으로 삼아 중시한 까닭으로 알맞은 것은 무엇인가요? [✎]

① 궁예를 내쫓기 위해서
② 불교를 국교로 삼기 위해서
③ 고구려 옛 땅을 되찾기 위해서
④ 사람들의 사상적 통합을 위해서
⑤ 목화를 대량으로 재배하기 위해서

02 광종의 업적으로 알맞지 <u>않은</u> 것은 무엇인가요? [✎]

① 과거제를 시행하였다.
② 후삼국을 통일하였다.
③ 노비안검법을 실시하였다.
④ 광덕이라는 연호를 사용하였다.
⑤ 관리들의 옷 색깔을 구분하여 입게 하였다.

03 강감찬이 거란군을 물리친 전투는 무엇인가요? [✎]

① 귀주 대첩　　② 살수 대첩
③ 진포 대첩　　④ 한산도 대첩

04 다음에서 설명하는 인물은 누구인가요? [✎]

> • 우리나라 최초로 화약을 개발하였다.
> • 왕과 신하들을 설득하여 화통도감을 만드는 데 기여하였다.

① 이순신　　② 장보고
③ 정도전　　④ 최무선

05 다음과 같은 상황이 고려에 미친 영향으로 알맞은 것은 무엇인가요? [✎]

> 문익점과 정천익의 노력으로 고려에서도 목화를 대량으로 재배하고, 이를 가지고 무명을 짜게 되었다.

① 4군과 6진을 개척하게 되었다.
② 물시계로 시간을 측정하게 되었다.
③ 화약 무기를 만드는 기관이 세워졌다.
④ 일반 백성들이 솜옷을 입을 수 있었다.
⑤ 관리들의 옷 색깔을 구분하기 시작하였다.

06 정몽주의 주장으로 알맞은 것은 무엇인가요? [✎]

① 역성혁명을 일으켜야 한다.
② 새로운 왕조를 세워야 한다.
③ 신하들의 사병을 혁파해야 한다.
④ 한양을 조선의 수도로 삼아야 한다.
⑤ 고려 왕조를 유지하며 개혁을 해야 한다.

07 다음 보기 는 이성계의 활동을 정리한 것이에요. 이를 일어난 순서대로 기호를 쓰세요.

> **보기**
> ㉠ 위화도에서 회군하였다.
> ㉡ 조선의 왕으로 추대되었다.
> ㉢ 군인들을 이끌고 개경에서 홍건적을 물리쳤다.
> ㉣ 왕의 요동 정벌 명령에 따라 군대를 이끌고 북쪽으로 진군하였다.

✎ ▶ ▶ ▶

08 다음 ㄱ, ㄴ에 들어갈 내용을 알맞게 연결한 것은 무엇인가요? [_✎_]

> 정도전은 (ㄱ)을 조선의 수도로 추천하고, 왕이 거처하는 궁궐 중 으뜸이 되는 법궁은 (ㄴ)이라고 이름 붙였다.

	ㄱ	ㄴ
①	웅진	근정전
②	평양	경복궁
③	평양	흥인지문
④	한양	경복궁
⑤	한양	근정전

09 다음에서 설명하는 제도는 무엇인가요? [_✎_]

> 태종 때 실시한 제도로, 16세 이상 남자에게 일종의 신분증을 차고 다니게 한 제도이다. 이 제도는 세금을 걷고 노동력을 동원하는 데 활용되었다.

① 골품제
② 과거제
③ 호패법
④ 노비안검법

10 다음 중 검색 결과로 알맞지 <u>않은</u> 것은 무엇인가요? [_✎_]

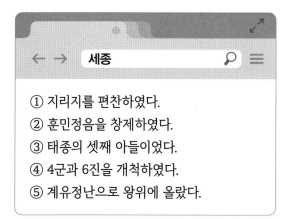

① 지리지를 편찬하였다.
② 훈민정음을 창제하였다.
③ 태종의 셋째 아들이었다.
④ 4군과 6진을 개척하였다.
⑤ 계유정난으로 왕위에 올랐다.

11 다음 기구들을 만든 인물은 누구인가요? [_✎_]

> • 혼천의 • 자격루 • 앙부일구

① 곽재우
② 신숙주
③ 장영실
④ 정몽주

12 세조에 대한 설명으로 알맞지 <u>않은</u> 것은 무엇인가요? [_✎_]

① 경연을 활성화하였다.
② 집현전을 폐지하였다.
③ 『경국대전』의 편찬을 시작하였다.
④ 조카인 단종을 쫓아내고 왕이 되었다.
⑤ 신숙주, 한명회 등을 자기편으로 만들었다.

13 다음 이야기를 통해 알 수 있는 사실로 알맞은 것은 무엇인가요? [_✎_]

> 신사임당이 근처 잔칫집에 갔을 때, 그 집의 하녀가 어느 부인의 치맛자락에 국을 흘렸다. 그러자 신사임당이 그 부인의 치마에 싱싱한 포도송이를 그려 넣었는데, 그 포도가 진짜 같아서 사람들이 깜짝 놀랐다.

① 신사임당은 글을 잘 썼다.
② 신사임당은 그림 실력이 뛰어났다.
③ 신사임당은 자녀들을 차별 없이 키웠다.
④ 신사임당은 여성이어서 교육받지 못하였다.
⑤ 신사임당은 결혼 후 작품 활동을 그만 두었다.

14 다음 보기에서 이순신 장군이 승리한 전투를 모두 골라 기호를 쓰세요.

> **보기**
> ㉠ 귀주 대첩　　　㉡ 옥포 해전
> ㉢ 관산성 전투　　㉣ 한산도 대첩

15 다음에서 설명하는 인물은 누구인가요?　[✎]

> • 붉은 옷을 입고 다녀 홍의장군이라 불렸다.
> • 정암진 전투를 승리로 이끌었다.

① 견훤　　　　　② 관창
③ 권율　　　　　④ 곽재우

16 행주 대첩에 대한 설명으로 알맞지 않은 것은 무엇인가요?　[✎]

① 학익진 전법이 사용되었다.
② 임진왜란 중에 일어난 전투이다.
③ 권율이 이끄는 조선군이 승리하였다.
④ 수도 한양을 되찾는 계기를 마련하였다.
⑤ 신기전, 총통기 등의 화차가 사용되었다.

17 허난설헌에 대한 설명으로 알맞은 것은 무엇인가요?　[✎]

① 율곡 이이의 어머니이다.
② 허균의 가르침을 받았다.
③ 『난설헌집』을 직접 출간하였다.
④ 「광한전 백옥루 상량문」이라는 글을 썼다.
⑤ 남편의 적극적인 지지로 작품 활동을 하였다.

18 다음 가상 인터뷰의 빈칸에 들어갈 서적은 무엇인지 쓰세요.

> **기자** (　　　　　)을/를 써서 선조에게 올린 이유는 무엇인가요?
> **이황** 선조께서 성군이 되시기를 바랐기 때문입니다.
> **기자** (　　　　　)이/가 어떤 책인지 간단히 소개해 주시겠어요?
> **이황** 성군이 될 수 있는 요령을 10개의 도표와 해설로 표현한 책이지요.

19 이이의 주장으로 알맞은 것은 무엇인가요?　[✎]

① 4군과 6진을 개척하자.
② 과거제를 실시하여 관리를 뽑자.
③ 공납을 쌀 등으로 통일해서 걷자.
④ 분조를 만들어 일본군에게 혼란을 주자.
⑤ 6조의 책임자들이 업무 사항을 왕에게 보고하도록 하자.

20 다음 빈칸에 들어갈 내용으로 알맞은 것은 무엇인가요?　[✎]

> 임진왜란 이후 명나라가 쇠퇴하고 후금이 성장하자, 광해군은 _____

① 중립 외교 정책을 펼쳤다.
② 위화도 회군을 단행하였다.
③ 분조를 이끌고 의병을 모집하였다.
④ 명나라의 군대 파견 요청을 거절하였다.
⑤ 강홍립에게 후금을 적극적으로 공격하라고 명령하였다.

정답

정답
QR 코드

완자 공부력 가이드

완자 공부력 시리즈는
앞으로도 계속 출간될 예정입니다.

국어 맞춤법 바로 쓰기
1~2학년용
4책

쓰기력

전과목 어휘
1~6학년용
12책

전과목 한자 어휘
1~6학년용
12책

영어 파닉스
1~2학년용
2책

영어 영단어
3~6학년용
8책

어휘력

국어 독해
1~6학년용
12책

한국사 독해
인물편
3~6학년용
4책

한국사 독해
시대편
3~6학년용
4책

독해력

수학 계산
1~6학년용
12책

계산력

완자 공부력 시리즈로 공부 근육을 키워요!

매일 성장하는
초등 자기개발서
ⓦ 완자

공부력

학습의 기초가 되는 읽기, 쓰기, 셈하기와 관련된
공부력을 키워야 여러 교과를 터득하기 쉬워집니다.
또한 어휘력과 독해력, 쓰기력, 계산력을 바탕으로 한
'공부력'은 자기주도 학습으로 상당한 단계까지 올라갈 수
있는 밑바탕이 되어 줍니다. 그래서 매일 꾸준한 학습이
가능한 **'완자 공부력 시리즈'**로 공부하면 **자기주도학습이**
가능한 튼튼한 공부 근육을 키울 수 있을 것이라 확신합니다.

효과적인 **공부력 강화 계획**을 세워요!

◎ **학년별 공부 계획**

내 학년에 맞게 꾸준하게 공부 계획을 세워요!

		1-2학년	3-4학년	5-6학년
기본	독해	국어 독해 1A 1B 2A 2B	국어 독해 3A 3B 4A 4B	국어 독해 5A 5B 6A 6B
	계산	수학 계산 1A 1B 2A 2B	수학 계산 3A 3B 4A 4B	수학 계산 5A 5B 6A 6B
	어휘	전과목 어휘 1A 1B 2A 2B	전과목 어휘 3A 3B 4A 4B	전과목 어휘 5A 5B 6A 6B
		파닉스 1 2	영단어 3A 3B 4A 4B	영단어 5A 5B 6A 6B
확장	어휘	전과목 한자 어휘 1A 1B 2A 2B	전과목 한자 어휘 3A 3B 4A 4B	전과목 한자 어휘 5A 5B 6A 6B
	쓰기	맞춤법 바로 쓰기 1A 1B 2A 2B		
	독해		한국사 독해 인물편 1 2 3 4	
			한국사 독해 시대편 1 2 3 4	

○ 시기별 공부 계획

학기 중에는 **기본**, 방학 중에는 **기본 + 확장**으로 공부 계획을 세워요!

방학 중			
학기 중			
기본			확장
독해	계산	어휘	어휘, 쓰기, 독해
국어 독해	수학 계산	전과목 어휘	전과목 한자 어휘
		파닉스(1~2학년) 영단어(3~6학년)	맞춤법 바로 쓰기(1~2학년) 한국사 독해(3~6학년)

예시 초1 학기 중 공부 계획표 주 5일 하루 3과목 (45분)

월	화	수	목	금
국어 독해	국어 독해	국어 독해	국어 독해	국어 독해
수학 계산	수학 계산	수학 계산	수학 계산	수학 계산
전과목 어휘	파닉스	전과목 어휘	전과목 어휘	파닉스

예시 초4 방학 중 공부 계획표 주 5일 하루 4과목 (60분)

월	화	수	목	금
국어 독해	국어 독해	국어 독해	국어 독해	국어 독해
수학 계산	수학 계산	수학 계산	수학 계산	수학 계산
전과목 어휘	영단어	전과목 어휘	전과목 어휘	영단어
한국사 독해 인물편	전과목 한자 어휘	한국사 독해 인물편	전과목 한자 어휘	한국사 독해 인물편

01 왕건

1 고려를 세우고 후삼국을 통일하다

008쪽
009쪽

글을 읽으면서 주요하다고 생각하는 낱말에 색칠해 보세요.

　　신라 말 사회가 혼란해지자 견훤이 후백제를 세우고, 궁예가 후고구려를 세워 후삼국 시대가 시작되었어요. 송악(개성) 출신이었던 왕건은 궁예의 세력이 커지자 아버지와 함께 궁예의 신하가 되었지요. 왕건은 후백제와의 싸움에 나서 지금의 나주인 금성을 함락하고, 인근 10여 고을을 점령하면서 궁예의 ⓞ신임을 얻게 되었답니다.

　　후고구려가 강해지자 궁예는 차츰 ②오만해졌고, ③폭군으로 변해 갔어요. 그러자 민심이 궁예를 떠나 왕건에게 쏠리게 되었어요. 많은 신하가 왕건을 찾아가 궁예를 몰아내고 새로운 왕이 되어 달라고 말하였지요. 결국 왕건은 군사를 일으켜 궁예를 내쫓고 새로운 왕이 되었어요.

　　왕건은 나라 이름을 '고려'로 고치고, 다음 해에 도읍을 송악으로 옮겼어요. 그리고 신라와는 우호적으로 지내는 한편, 후백제와는 대립하였어요. 고려는 고창 전투에서 후백제에 승리하며 후삼국의 주도권을 ④장악하였어요. 그러던 중 후백제의 견훤이 큰아들에게 ⑤왕위를 빼앗기고 고려에 항복해 왔어요. 힘이 약하였던 신라의 경순왕도 고려에 항복하였지요. 이후 고려는 후백제를 공격하여 무너뜨림으로써 후삼국을 통일하였답니다.

① 신임: 믿고 일을 맡김.
② 오만: 태도나 행동이 건방지거나 거만함.
③ 폭군: 사납고 악한 임금
④ 장악: 손안에 잡아 쥔다는 뜻으로, 무엇을 마음대로 할 수 있게 됨을 이르는 말
⑤ 왕위: 임금의 자리

중심 낱말 찾기
01 다음에서 설명하는 인물을 이 글에서 찾아 쓰세요.

> 궁예의 신하로 있다가 궁예를 내쫓고 왕이 된 뒤 나라 이름을 '고려'로 고쳤다.

✏ 왕건

내용 이해
02 이 글의 내용과 일치하는 것은 무엇인가요?　[✏ ④]
① 왕건은 나주 출신이다.
② 궁예는 후백제를 세웠다.
③ 경순왕은 고구려의 왕이다.
④ 왕건은 신라에 우호적이었다.
⑤ 궁예와 신하들은 왕건을 내쫓았다.
도움말 | 왕건은 신라와 우호적으로 지내고 후백제와는 대립하였어요.

어휘 확인
03 다음 낱말의 뜻을 찾아 선으로 이으세요.
1 신임 ●　　　　● ㉠ 믿고 일을 맡김.
2 오만 ●　　　　● ㉡ 태도나 행동이 건방지거나 거만함.
3 장악 ●　　　　● ㉢ 손안에 잡아 쥔다는 뜻으로, 무엇을 마음대로 할 수 있게 됨을 이르는 말

중심 내용 찾기
04 다음 빈칸을 채워 이 글의 내용을 정리해 보세요.

> 왕건은 궁예를 내쫓고 새로운 왕이 되어 고려를 세우고 　후　삼　국　을 통일하였다. 이 과정에서 　신　라　의 경순왕은 고려에 항복하였고, 　후　백　제　는 고려의 공격으로 무너졌다.

2 왕건이 꿈꾼 통치

010쪽
011쪽

　　고려의 태조 왕건은 고구려를 계승한다는 의미로 나라 이름을 고려라고 하였어요. 왕건은 고려가 고구려의 전통을 이어받고 옛 땅을 되찾으려는 노력을 해야 한다고 생각하였어요. 그래서 왕건은 옛 고구려의 수도인 평양을 서경으로 삼아 매우 중시하고, 매년 서경으로 ⓞ순행을 나서기도 하였지요. 한편, 왕건은 신라와 후백제의 유민은 물론 발해의 유민들도 고려에서 살도록 허락해 주었어요.

　　후백제와 신라의 사람들은 불교를 믿었어요. 왕건은 백성들의 사상을 통합하고 고려를 안정된 통일 국가로 만들기 위해서 불교를 중시하였어요. 왕건은 불교를 ②국교로 삼고 자신도 매일 ③불당에 방문하여 부처에게 불공을 드렸지요. ④연등회와 팔관회를 잘 개최하도록 후대 왕들에게도 부탁하였고, 왕건의 이런 정책을 ⑤숭불 정책이라고 한답니다.

　　왕건은 세상을 떠나기 전에 이와 같은 내용을 자신이 ⑥총애하는 신하 박술희에게 정리하도록 하였어요. 이것을 훈요 10조라고 해요. 훈요 10조를 통해 왕건이 생각한 이상적인 통치가 무엇인지 알 수 있어요.

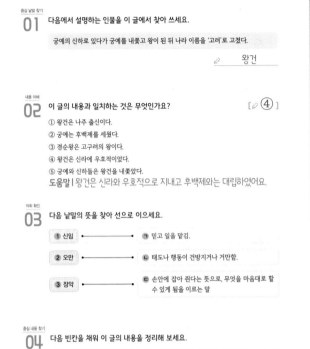

훈요 10조
제1조
종교의 힘으로 나라를 세웠으니 사찰을 세우고 주지를 파견하여 불도를 닦도록 할 것
제5조
서경을 중시할 것

⑥ 순행: 임금이 나라 안을 두루 살피며 돌아다니던 일
⑦ 국교: 국가에서 법으로 정하여 온 국민이 믿도록 하는 종교
⑧ 불당: 부처를 모신 집
⑨ 연등회: 석가모니(부처)의 탄생일에 불을 켜고 복을 비는 의식
⑩ 숭불: 부처, 불교를 높여 소중히 여김.
⑪ 총애: 남달리 귀여워하고 사랑함.

중심 낱말 찾기
05 다음 밑줄 친 '이곳'에 해당하는 지역을 이 글에서 찾아 쓰세요.

> 고려의 태조 왕건은 옛 고구려의 수도인 평양을 이곳으로 삼고 중시하여, 매년 이곳으로 순행을 나섰다.

✏ 서경

내용 이해
06 이 글의 내용과 일치하지 않는 것은 무엇인가요?　[✏ ②]
① 박술희는 훈요 10조를 정리하였다.
② 왕건은 불교를 믿지 못하게 하였다.
③ 후백제와 신라의 사람들은 불교를 믿었다.
④ '고려'에는 고구려를 계승한다는 의미가 담겨 있다.
⑤ 왕건은 발해 유민들을 고려에서 살도록 허락해 주었다.
도움말 | ② 태조 왕건은 불교를 중시하였어요.

어휘 확인
07 다음 문장의 빈칸에 들어갈 낱말을 보기에서 찾아 쓰세요.

보기
| 국교　　　순행　　　총애 |

① 로마는 크리스트교를 (　국교　)(으)로 인정하였다.
② 신하들은 왕의 (　총애　)을/를 얻기 위해 경쟁하였다.
③ 왕은 가끔 옷을 바꾸어 입고 나라 안을 (　순행　)하며 살펴보았다.

내용 추론
08 이 글을 읽고 태조 왕건의 통치 이념을 바르게 짐작한 어린이는 누구인지 쓰세요.

경진 민족을 통합하고자 하였어요.
영우 유교를 국가 통치의 근본으로 삼으려고 하였어요.
하영 신라의 옛 땅을 되찾기 위해 남쪽으로 영토를 확장해야 한다고 하였어요.

도움말 | 후백제, 신라, 발해 유민을 받아들이고 불교로 사상을 통합하고자 한 점에서 민족 통합을 꾀하였음을 알 수 있어요.

✏ 경진

02 광종

① 왕권을 안정시킨 광종

글을 읽으면서 중요하다고 생각하는 낱말에 색칠해 보세요.

　태조 왕건이 죽고 난 후 고려에서는 왕위 계승과 관련해서 치열한 권력 투쟁이 일어났어요. 이러한 혼란 속에서 광종은 20대의 나이에 정종의 뒤를 이어 왕이 되었어요. 광종은 즉위한 뒤 왕권을 안정시키기 위한 정책을 펼쳤어요. 그는 '광덕'이라는 ^①연호를 사용하고, 자신이 황제임을 선포하였는데요. 이는 고려가 중국의 왕조들과 ^②대등한 황제국임을 선포한 것이에요.

　광종은 당시에 강력한 힘을 가졌던 ^③호족 세력을 약화하기 위해 노비안검법을 실시하였어요. 노비안검법은 후삼국을 통일하는 과정에서 ^④포로로 잡혔거나 빚을 갚지 못하여 억울하게 노비가 된 사람을 해방시킨 정책이었어요. 이 법이 실행되어 많은 사람들이 양인으로 신분이 회복되면서 호족들의 경제적·군사적 기반이 크게 약화되었답니다.

양인 신분을
되찾았다!

　또한 광종은 관리들의 옷 색깔을 정하였어요. 당시에는 관리들의 복장이 통일되지 않았었거든요. 광종은 옷 색깔을 네 가지로 구분하여 관리의 등급에 따라 서로 다른 색의 옷을 입게 하였어요. 그러자 옷의 색으로 관리들의 구분이 쉬워져 관리들 사이에 질서가 잡히고, 왕을 중심으로 한 정치 체제가 안정되어 갔답니다.

❶ 연호: 임금이 즉위한 해에 붙이던 칭호
❷ 대등: 서로 견주어 높고 낮음이나 낫고 못함이 없이 비슷함.
❸ 호족: 신라 말기에서 고려 초기에 사회 변동을 주도적으로 이끈 지방 세력
❹ 포로: 사로잡은 적
❺ 기반: 기초가 되는 바탕. 또는 사물의 토대

012쪽
013쪽

01 다음에서 설명하는 제도를 이 글에서 찾아 쓰세요.

> 광종이 억울하게 노비가 된 사람을 양인으로 해방시킨 제도이다.

✎ 노비안검법

도움말 | 광종은 노비안검법을 실시하여 억울하게 노비가 된 사람을 양인으로 해방시켜 주었어요.

02 이 글의 내용과 일치하면 ○, 일치하지 않으면 ✕에 표시하세요.

❶ 광종은 연호를 사용하였다. [○ / ✕]
❷ 광종은 자신이 황제임을 선포하였다. [○ / ✕]
❸ 정종은 광종의 뒤를 이어 왕이 되었다. [○ / ✕] → 광종이 정종의 뒤를 이어 왕이 되었어요.
❹ 노비안검법은 호족의 경제적 기반을 강화하였다. [○ / ✕]
→ 노비안검법은 호족의 경제적 기반을 약화하였어요.

03 다음 낱말의 뜻을 찾아 선으로 이으세요.

1 기반　　　　　　　　⦁　　⦁　㉠ 사로잡은 적

2 대등　　　　　　　　⦁　　⦁　㉡ 기초가 되는 바탕. 또는 사물의 토대

3 포로　　　　　　　　⦁　　⦁　㉢ 서로 견주어 높고 낮음이나 낫고 못함이 없이 비슷함.

04 다음 빈칸을 채워 이 글의 내용을 정리해 보세요.

> 광종 은 연호를 사용하고, 노비안검법 및 관리들의 옷 색깔을 구분하여 입게 하는 정책을 실시하여 왕권 을 안정시키고자 하였다.

② 과거제를 시행하다

　광종이 고려를 다스리던 시기에 중국 ^⑥후주의 사절단이 고려에 도착하였어요. 이 사절단 중에 쌍기라는 사람이 있었는데, 쌍기는 고려에 왔다가 몸이 아파서 ^⑦일행들과 함께 후주로 돌아가지 못하였답니다. 그래서 쌍기는 고려에 남아 광종을 도와 여러 가지 제도 개혁을 이끌었어요.

　쌍기는 광종에게 새로운 ^⑧인재를 선발하기 위한 제도로 과거제의 시행을 추천하였어요. 과거제는 시험을 통해 관리를 뽑는 제도로, 주로 유학과 관련된 내용을 시험하였어요. 광종은 쌍기의 건의를 받아들이고자 하였어요. 하지만 기존의 호족과 공신들은 이 제도의 시행을 반대하였는데, 과거제가 시행되면 더 이상 자신들의 권력을 ^⑨세습할 수 없었기 때문이에요. 여러 반대에도 불구하고 광종은 과거제를 시행하였어요. 최초로 열린 과거 시험의 출제와 감독은 쌍기가 맡았답니다.

과거 시험장

나의 실력으로
관리가 될 수 있어!

　광종은 과거제를 시행하여 유교적 지식과 능력을 지닌 사람을 관리로 선발할 수 있었고, 지금까지 벼슬을 세습하던 호족과 공신 세력을 제압할 수 있었어요. 이는 왕권을 강화하는 데 도움이 되었지요. 고려의 광종 때 처음 시행된 과거제는 조선 시대까지 ^⑩지속적으로 시행되었답니다.

❻ 후주: 중국에서 당나라가 망하고 세워진 여러 왕조 중 하나
❼ 일행: 함께 길을 가는 사람들의 무리
❽ 인재: 어떤 일을 할 수 있는 학식이나 능력을 갖춘 사람
❾ 세습: 한집안의 재산이나 신분, 직업 따위를 대대로 물려주고 물려받음.
❿ 지속: 어떤 상태가 오래 계속됨. 또는 어떤 상태를 오래 계속함.

014쪽
015쪽

05 다음 내용에 해당하는 낱말을 이 글에서 찾아 쓰세요.

❶ 중국 후주 사람으로 광종을 도와 고려의 개혁을 이끌었다. 쌍 기
❷ 광종 때 실시한 제도로, 시험을 통해 관리를 뽑는 제도이다. 과 거 제

06 고려 호족과 공신들이 과거제 시행을 반대한 까닭으로 알맞은 것은 무엇인가요? [✎ ③]

① 자신들의 노비를 잃게 되기 때문에
② 왕권을 약화할 수 있는 제도이기 때문에
③ 자신들의 권력 세습이 어려워지기 때문에
④ 과거제에서 유학과 관련된 내용을 시험하였기 때문에
⑤ 과거제를 제안한 쌍기가 우리나라 사람이 아니기 때문에

도움말 | 호족과 공신들은 과거제가 시행되면 자신들의 권력을 세습할 수 없게 되기 때문에 과거제 시행에 반대하였어요.

07 다음 문장의 빈칸에 들어갈 낱말을 보기에서 찾아 쓰세요.

보기		
세습	일행	지속

❶ 줄넘기는 내가 5년 전부터 (지속)해 온 운동이다.
❷ 그의 직업은 집안에서 대대로 (세습)되어 온 일이다.
❸ 이번 여행에서는 (일행)이 많아서 의견을 하나로 모으기 어려웠다.

08 고려의 과거제를 평가한 내용으로 가장 알맞은 것은 무엇인가요? [✎ ⑤]

① 민족 통합에 힘쓴 정책이다.
② 출신 가문을 중시하는 정책이다.
③ 불교를 장려하고 숭상하는 정책이다.
④ 고구려 계승 의식을 강조하는 정책이다.
⑤ 능력에 따라 인재를 등용하는 정책이다.

도움말 | 과거제는 시험을 통해 관리를 뽑는 제도이므로, 능력에 따라 인재를 선발하는 정책이라고 평가할 수 있어요.

03 강감찬

1 신비한 탄생 이야기

글을 읽으면서 중요하다고 생각하는 낱말에 색칠해 보세요.

고려 시대 ^①외적의 침입을 물리친 강감찬 장군은 출생과 관련해 재미있는 이야기가 전해 내려오고 있어요. 강감찬의 아버지는 지금의 서울특별시 금천구와 관악구 ^②일대인 금주에 살고 있었어요. 어느 날 밤 우리나라에 머물던 중국의 ^③사신이 금주를 지날 때 밤하늘에서 큰 별이 떨어지는 것을 보았어요. 하늘의 별은 산 밑에 있는 어느 집 위로 떨어졌는데, 이를 신기하게 ^④여긴 사신은 사람을 보내 방금 별이 떨어진 곳을 찾아보게 하였답니다.

중국의 사신이 별이 떨어진 집을 찾아갔더니, 그 집에는 사내아이가 태어나 있었어요. 사신은 사내아이의 아버지에게 별이 떨어진 이야기를 들려주며, 아이가 장차 큰 인물이 될 것이라고 이야기해 주었어요. 이 아이가 ^⑤훗날의 강감찬 장군이에요.

강감찬의 탄생 이야기 때문에 사람들은 강감찬이 태어난 곳을 '별이 떨어진 자리'라는 뜻의 '낙성대'라고 부르게 되었어요. 오늘날 서울특별시 관악구의 낙성대가 바로 그곳이랍니다.

별이 떨어진 곳에 가보자꾸나.

① 외적: 외국으로부터 쳐들어오는 적
② 일대: 일정한 범위의 어느 지역 전부
③ 사신: 임금이나 국가의 명령을 받고 외국에 사절로 가는 신하
④ 여기다: 마음속으로 그러하다고 인정하거나 생각하다.
⑤ 훗날: 시간이 지나 뒤에 올 날

---

01 다음에서 설명하는 인물을 이 글에서 찾아 쓰세요.

고려 시대 외적의 침입을 물리친 장군으로, 낙성대에 얽힌 탄생 이야기가 전해진다.

✎ 강감찬

02 이 글의 내용과 일치하는 것은 무엇인가요? [✎ ③]

① 강감찬이 태어나던 날 전쟁이 났다.
② 강감찬의 아버지는 황해도에 살았다.
③ 강감찬은 커서 고려의 장군이 되었다.
④ 강감찬이 태어난 곳은 오늘날 금주라고 불린다.
⑤ 사신은 강감찬의 아버지에게 허약한 아이가 태어날 것이라고 하였다.
도움말 | 강감찬은 외적을 물리친 고려의 장군이에요.

03 다음 밑줄 친 낱말과 바꾸어 쓸 수 있는 낱말은 무엇인가요? [✎ ②]

가게의 주인은 그 남자를 범인이라고 여기고 있었지만, 경찰이 범인으로 지목한 사람은 그 남자가 아니었다.

① 비판하고   ② 생각하고   ③ 예언하고
④ 옹호하고   ⑤ 주도하고
도움말 | '여기고'의 기본형은 '마음속으로 그러하다고 인정하거나 생각하다.'라는 뜻의 '여기다'예요.

04 다음 빈칸을 채워 이 글의 내용을 정리해 보세요.

고려의 강감찬이 태어나던 날 밤에 하늘에서 큰 별이 떨어졌다는 이야기가 전해져서, 강감찬 장군이 태어난 곳을 낙성대 라고 부르게 되었다.

---

2 거란군을 물리치다

어려서부터 학문을 좋아하였던 강감찬은 983년 과거 시험에 합격하여 ^①벼슬길에 올랐어요. 그리고 1018년 서경 ^②유수로 ^③부임하였지요. 그 해 12월 거란의 소배압이 10만 대군을 이끌고 고려를 침공하자, 강감찬은 20만 대군을 이끌고 거란군에 맞서 싸웠어요. 강감찬은 흥화진에서 소가죽을 꿰어 강을 막고 거란군을 기다렸어요. 그리고 거란군이 강을 반쯤 건넜을 때 막아 둔 강물을 터뜨려 적을 혼란에 빠뜨리고, 미리 숨겨둔 군사들에게 거란군을 공격하도록 하여 적군에 큰 피해를 주었답니다.

강감찬이 이끄는 고려군의 공격으로 큰 피해를 본 소배압은 남은 군대를 거느리고 고려의 도읍인 개경을 공격하였어요. 하지만 개경을 함락하는 데 실패하였지요. 군대의 ^④손실이 커진 거란군은 결국 후퇴를 결정하였어요.

강감찬은 압록강 근처 귀주에서 후퇴하는 거란군을 기다렸어요. 그리고 거센 바람이 거란군 쪽을 향해 불기 시작하자 거란군에 공격을 퍼부어 거란군을 크게 무찔렀지요. 거란의 10만 대군 중에서 살아 돌아간 거란군은 겨우 2천여 명에 불과하였다고 해요. 이 전투가 1019년에 일어난 귀주 ^⑤대첩이에요.

바람이 거란군 쪽으로 분다. 화살을 쏘아라

① 벼슬길: 관청에 나가서 나랏일을 맡아보는 벼슬아치 노릇을 하는 길
② 유수: 고려 시대 서경 등 중요 지역을 다스렸던 벼슬
③ 부임: 임명이나 발령을 받아 근무할 곳으로 감.
④ 손실: 잃어버리거나 축나서 손해를 봄. 또는 그 손해
⑤ 대첩: 크게 이김. 또는 큰 승리

---

05 다음에서 설명하는 사건을 이 글에서 찾아 쓰세요.

강감찬이 이끄는 고려군이 압록강 근처에서 후퇴하는 거란군을 크게 무찌른 전투이다. 이 전투에서 살아 돌아간 거란군은 2천여 명에 불과하였다.

✎ 귀주 대첩

06 다음 사건이 일어난 순서에 맞게 번호를 쓰세요.

 1 3 2 4

1	3	2	4
강감찬이 서경 유수로 부임하였다.	거란의 소배압이 고려의 개경을 공격하였다.	강감찬은 흥화진에서 거란군에 큰 피해를 주었다.	강감찬은 거란군을 귀주에서 공격하여 거란군을 크게 무찔렀다.

07 다음 낱말의 뜻을 찾아 선으로 이으세요.

① 부임 •   • ㉠ 임명이나 발령을 받아 근무할 곳으로 감.

② 손실 •   • ㉡ 잃어버리거나 축나서 손해를 봄. 또는 그 손해

08 이 글을 바탕으로 강감찬에 대해 바르게 평가한 어린이는 누구인지 쓰세요.

동우 뛰어난 전술을 구사하였어.
미진 외교술이 빼어난 사람이었어.
진영 글공부보다 무예를 중시하였어.

✎ 동우

도움말 | 흥화진에서 거란군을 물리친 사실과 귀주 대첩의 대승을 통해 강감찬이 뛰어난 전술을 구사하였음을 짐작할 수 있어요.

タグ

ゴ

04 최무선

|시대| 고려 시대

1 우리나라 최초의 화약 개발

글을 읽으면서 중요하다고 생각하는 낱말에 색칠해 보세요.

고려의 한 남자가 ⁰벽란도에 도착한 배에서 내리는 사람들을 붙잡고 무언가를 물어보고 있어요. 그는 최무선으로, 중국 배가 도착할 때마다 항구에서 염초 만드는 법에 관해서 묻고 있던 거예요. 염초는 유황, 숯과 함께 화약을 만들 때 꼭 필요한 재료였거든요. 그러던 어느 날 최무선은 중국에서 온 이원이라는 사람을 만났어요. 이원은 최무선에게 염초 만드는 법을 알려 줄 수 있다고 하였지요. 최무선은 뛸 듯이 기뻐하며 이원에게서 염초 만드는 법을 ⁰전수받았어요. 그리고 이를 활용하여 우리나라 최초로 화약을 개발하는 데 성공하였답니다.

최무선은 고려 말 왜구들의 침입으로 백성들이 고통받는 현실을 바꾸고 싶어 하였어요. 그는 화약이 왜구를 ⁰격퇴하는 데 중요하게 쓰일 것이라고 확신하였지요. 처음에 고려의 왕과 신하들은 화약 만드는 일에 무관심하였어요. 중국에서 수입해서 쓰면 된다고 생각하였기 때문이에요. 하지만 최무선은 왕과 신하들을 열심히 ⁰설득하였어요. 마침내 우왕 때 화약 및 화약 무기의 제조를 ⁰담당하는 화통도감이 만들어지게 되었답니다.

① 벽란도: 고려 시대 예성강 하구의 무역항이자 요충지
② 전수: 기술이나 지식 따위를 전하여 받음.
③ 격퇴: 적을 쳐서 물리침.
④ 설득: 상대편이 이쪽 편의 이야기를 따르도록 여러 가지로 깨우쳐 말함.
⑤ 담당: 어떤 일을 맡음.

중심 낱말 찾기
01 다음에서 설명하는 곳을 이 글에서 찾아 쓰세요.

> 고려 시대 화약 및 화약 무기의 제조를 담당한 곳으로, 최무선의 노력으로 우왕 때 설치되었다.

✎ 화통도감

내용 이해
02 이 글을 읽고 알 수 있는 내용으로 알맞지 않은 것은 무엇인가요? [✎ ②]

① 고려의 대표적인 무역항
② 화약 무기의 종류와 특징
③ 화약을 만들 때 필요한 원료
④ 고려 시대 무기 제조를 담당한 관청
⑤ 최무선에게 염초 만드는 법을 알려 준 중국 사람

도움말| ② 화약 무기의 종류와 특징은 이 글에 나타나 있지 않아요.

어휘 확인
03 다음 낱말의 뜻을 찾아 선으로 이으세요.

1 격퇴 • ㉠ 적을 쳐서 물리침.

2 설득 • ㉡ 기술이나 지식 따위를 전하여 받음.

3 전수 • ㉢ 상대편이 이쪽 편의 이야기를 따르도록 여러 가지로 깨우쳐 말함.

중심 내용 찾기
04 다음 빈칸을 채워 이 글의 내용을 정리해 보세요.

> 최무선 은 중국에서 온 이원으로부터 염초 만드는 법을 배워 우리나라 최초로 화약 개발에 성공하였다. 이후 고려에서는 최무선의 설득에 힘입어 화통도감이 만들어졌다.

020쪽 021쪽

2 진포 대첩에서 왜구를 물리치다

화통도감에서는 최무선의 지휘 아래 여러 가지 화약 무기를 개발하였어요. 그러던 어느 날, 왜구가 진포 해안으로 몰려들어 불을 지르고 ⁰약탈을 일삼는다는 소식이 개경으로 전해졌어요. ⁰조정은 최무선을 책임자로 삼아 화약 무기로 훈련된 군대를 지휘하게 하였어요.

최무선은 고려의 군대를 이끌고 금강 하류에 도착하였어요. 고려군이 탄 배에는 화포와 같이 화약을 이용한 무기가 실려 있었지요. 왜구들은 밧줄로 배를 서로 연결하여 묶어 둔 채 육지로 올라와 약탈을 하고 있었어요. 최무선이 이끄는 고려군은 왜구의 배를 향해 화포를 쏘아 대었어요. 그러자 ⁰정박해 있던 왜구의 배가 불타고 가라앉아 버렸는데, 그 수가 수백 척에 ⁰달하였답니다. 고려의 배는 왜구의 배보다 수가 적었지만 고려군은 화포가 있었기 때문에 승리할 수 있었던 거예요. 이 전투를 진포 대첩이라고 해요.

진포 대첩은 고려군이 해전에서 최초로 화포를 사용한 전투였어요. 왜구는 이 전투의 패배로 큰 ⁰타격을 입었고, 이후 고려를 쉽게 쳐들어오지 못하였답니다.

화포의 맛이 어떠냐!

① 약탈: 폭력을 써서 남의 것을 억지로 빼앗음.
② 조정: 임금이 나라의 정치를 의논 또는 집행하는 곳
③ 정박: 배가 닻을 내리고 머무름.
④ 달하다: 일정한 표준, 수량, 정도 따위에 이르다.
⑤ 타격: 어떤 일에서 크게 기를 꺾음. 또는 그로 인한 손해나 손실

중심 낱말 찾기
05 다음에서 설명하는 사건을 이 글에서 찾아 쓰세요.

> 최무선이 이끄는 고려군이 금강 하류에서 왜구의 배를 향해 화포를 쏘아 왜구의 배 수백 척이 가라앉은 전투로, 고려군이 해전에서 화포를 사용한 최초의 전투이다.

✎ 진포 대첩

내용 이해
06 이 글의 내용과 일치하지 않는 것은 무엇인가요? [✎ ④]

① 진포 대첩에서 고려군은 화포를 사용하였다.
② 최무선은 화통도감에서 화약 무기를 개발하였다.
③ 왜구는 진포 해안에서 불을 지르고 약탈을 하였다.
④ 진포 대첩에서 고려의 배는 왜구의 배보다 훨씬 많았다.
⑤ 최무선이 이끄는 고려군의 공격으로 왜구의 배 수백 척이 불타 가라앉았다.

도움말| ④ 진포 대첩에서 고려의 배는 왜구의 배보다 수가 적었어요.

어휘 확인
07 다음 문장의 빈칸에 들어갈 낱말을 보기에서 찾아 쓰세요.

보기		
약탈	조정	타격

① 도적들은 어두운 밤을 이용하여 (약탈)을 일삼았다.
② 인조반정은 (조정)의 신하들이 광해군을 몰아낸 사건이다.
③ 오랫동안 이어진 가뭄은 농산물 수확에 큰 (타격)을 주었다.

내용 추론
08 다음 글을 참고하여 진포 대첩이 우리나라 전쟁 역사에서 가지는 의의를 이 글에서 찾아 쓰세요.

> 의의란 어떤 사실이나 행위가 갖는 중요성이나 가치를 말한다.

✎ 진포 대첩은 고려군이 해전에서 최초로 화포를 사용한 전투라는 점에 의의가 있다.

도움말| 진포 대첩은 우리나라 해전 역사에서 화포를 처음으로 사용한 전투예요.

022쪽 023쪽

05 문익점

1 목화 재배에 성공하다

글을 읽으면서 중요하다고 생각하는 낱말에 색칠해 보세요.

024쪽
025쪽

고려의 문익점은 중국 원나라에 사신으로 가게 되었어요. 그곳에서 ^①탐스러운 목화밭을 보게 되었지요. 문익점은 고려도 원나라처럼 목화를 대량으로 ^②재배할 수 있다면 백성의 삶이 더 좋아질 것이라고 생각하였어요. 그래서 문익점은 대량 재배가 가능하도록 ^③개량된 원나라의 목화씨를 가지고 고려로 돌아왔어요.

고려에 온 문익점은 따뜻한 남쪽 지방에서 목화를 키우기 위해 경상남도 산청으로 갔어요. 그리고 농업에 ^④박식하였던 장인 정천익과 함께 원나라에서 가져온 목화씨를 나누어서 심었어요. 문익점과 정천익은 목화를 정성껏 길렀지만, 이들은 재배 방법을 제대로 알지 못하였어요. 결국 ㉠ 목화는 거의 ^⑤시들어 버리고, 한 그루만 살아남았지요. 문익점은 포기하지 않고 한 그루의 목화에서 나온 씨앗을 다음 해에 다시 심어 키웠어요. 그리고 마침내 더 많은 목화씨를 얻게 되었어요. 기후와 토양이 다른 땅에서도 목화씨를 재배하는 데 성공한 것이에요. 이 경험을 바탕으로 문익점과 정천익은 열심히 목화를 키웠고, 3년 뒤에는 마을 사람들에게 나누어 줄 정도로 많은 목화씨가 생겼답니다.

한 그루가 살아남았어요!

- ① 탐스럽다: 가지거나 차지하고 싶은 마음이 들 정도로 보기가 좋고 끌리는 데가 있다.
- ② 재배: 식물을 심어 가꿈.
- ③ 개량: 나쁜 점을 보완하여 더 좋게 고침.
- ④ 박식: 지식이 넓고 아는 것이 많음.
- ⑤ 시들다: 꽃이나 풀 따위가 말라 생기가 없어지다.

중심 낱말 찾기

01 이 글의 내용과 일치하도록 괄호 안의 낱말 중 알맞은 것에 ○표 하세요.

① 문익점은 목화를 재배하기 위해 [따뜻한 / 서늘한] 남쪽 지방으로 갔다.

② [문익점 / 정천익]은 원나라에 사신으로 갔다가 목화씨를 가지고 고려에 돌아왔다.

내용 이해

02 이 글의 내용과 일치하는 것은 무엇인가요? [✎ ①]

① 정천익은 문익점의 장인이다.

② 문익점은 목화 재배를 포기하였다.

③ 정천익은 원나라에서 목화씨를 가져왔다.

④ 문익점은 원나라의 사신으로 고려에 왔다.

⑤ 원나라에서 가져온 목화씨는 모두 재배에 실패하였다.

어휘 확인

03 다음 밑줄 친 낱말과 바꾸어 쓸 수 있는 낱말은 무엇인가요? [✎ ③]

> 나의 어머니는 식물에 박식하고 애정이 깊다. 그래서 우리 집에는 다양한 종류의 식물이 자라고 있다.

① 가식　　② 유명　　③ 유식　　④ 유연　　⑤ 휴식

도움말 | '유식'은 학문이 있어 지식이 높다는 뜻을 가지고 있어요.

내용 추론

04 이 글을 읽고 ㉠과 같은 상황이 벌어진 까닭을 잘못 짐작한 어린이는 누구인지 쓰세요.

승우	고려와 원나라의 기후, 토양이 달랐기 때문이에요.
정원	고려 사람들이 목화 재배에 반대하였기 때문이에요.
지훈	문익점과 정천익이 목화 재배 방법을 잘 몰랐기 때문이에요.

도움말 | 문익점과 정천익은 목화 재배 방법을 제대로 몰랐고, 기후와 토양이 다른 땅에서 목화씨를 재배하는 것은 어려웠어요.

✎ 정원

2 의생활을 바꾸다

026쪽
027쪽

문익점의 노력으로 목화를 대량으로 재배하는 일은 성공을 거두었어요. 그런데 목화에서 실을 뽑는 일은 무척 어려운 일이었어요. 목화 속에는 솜과 씨가 들어있는데, 그 씨를 일일이 손으로 제거하는 일은 힘들고 시간이 오래 걸리는 일이었거든요.

어느 날 원나라의 승려 홍원이 문익점이 사는 동네를 걷다가 주변에 목화가 많이 피어 있는 것을 보고 신기하게 여겼어요. 정천익의 눈에는 목화를 ^①유심히 보고 있는 승려가 ^②범상치 않아 보였지요. 정천익과 문익점은 홍원을 집으로 모셔 ^③극진히 ^④대접하였어요. 그리고 홍원으로부터 목화를 활용하는 방법을 많이 배웠어요. 이제 정천익은 씨아라는 기구로 목화송이에서 씨를 제거하고, 솜으로 물레를 이용해 무명실을 만드는 방법을 알게 되었어요. 또 무명실을 가지고 베틀로 ^⑤무명을 짜는 방법도 알게 되었지요. 정천익은 집안의 노비에게 방법을 알려 주고 무명을 만들게 하였어요.

문익점과 정천익은 무명 만드는 법을 열심히 전하였어요. 이에 힘입어 전국 곳곳에서 무명옷을 만들어 입게 되었지요. 무명이 보급되면서 일반 백성들도 겨울에 솜옷을 입고, 솜이불을 덮을 수 있게 되어 많은 사람이 겨울을 따뜻하게 보내게 되었답니다.

- ① 유심히: 주의가 깊게
- ② 범상하다: 중요하게 여길 만하지 아니하고 예사롭다.
- ③ 극진히: 어떤 대상에 대하여 정성을 다하는 태도가 있게
- ④ 대접: 마땅한 예로써 대함.
- ⑤ 무명: 무명실로 짠 천으로, 면포, 목면 등으로도 불림.

중심 낱말 찾기

05 다음 ㉠, ㉡에 들어갈 낱말을 이 글에서 찾아 각각 쓰세요.

> 목화송이에서 씨를 제거하는 기구는 (㉠)이고, 솜으로 무명실을 만드는 기구는 (㉡)이다.

✎ ㉠ 씨아　　㉡ 물레

내용 이해

06 이 글의 내용과 일치하면 ○, 일치하지 않으면 ✕에 표시하세요.

① 목화 속에는 솜과 씨가 들어 있다. [◯ / ✕]

② 무명이 보급되면서 일반 백성도 솜이불을 덮게 되었다. [◯ / ✕]

③ 정천익과 문익점은 집안의 노비에게 목화 활용 방법을 배웠다. [○ / ⊗]

→ 정천익과 문익점은 원나라의 승려 홍원에게 목화 활용 방법을 배웠어요.

어휘 확인

07 다음 낱말의 뜻을 찾아 선으로 이으세요.

1 대접		㉮ 주의가 깊게
2 극진히		㉯ 마땅한 예로써 대함.
3 유심히		㉰ 어떤 대상에 대하여 정성을 다하는 태도가 있게

중심 내용 찾기

08 이 글의 중심 내용이 드러나도록 제목을 정할 때 알맞은 것을 **보기**에서 두 가지 골라 기호를 쓰세요.

> **보기**
> ㉠ 무명옷을 대중화한 문익점
> ㉡ 홍원을 극진히 대접한 문익점
> ㉢ 귀족들의 의복 생활에 큰 도움을 준 문익점
> ㉣ 일반 백성들이 따뜻한 겨울을 나도록 해 준 문익점

✎ ㉠　　㉣

도움말 | 이 글은 문익점의 활동으로 무명이 대중화되면서 일반 백성들이 따뜻한 겨울을 날 수 있었다는 사실을 설명하고 있어요.

06 정몽주

1 왜구로부터 백성들을 구출하다

글을 읽으면서 중요하다고 생각하는 낱말에 색칠해 보세요.

1337년 고려에서 태어난 정몽주는 어려서부터 ❶총명하였어요. 그는 24세에 과거 시험을 우수한 성적으로 통과하였지요. 관리가 된 뒤에 그는 여러 일을 하였는데, 일본과의 외교 협상에서도 크게 활약하였답니다.

정몽주가 관리로 지낸 고려 말에는 왜구가 고려 백성들을 일본으로 납치해 가기 일쑤였어요. 정몽주는 고려의 백성들을 일본에서 데려올 방법을 고민하였지요. 그러던 중에 정몽주는 고려를 대표하는 사절단으로 일본에 가게 되었어요. 그는 고려를 약탈하는 왜구 때문에 고려와 일본의 외교가 어렵다고 이야기하며 협상을 시도하였어요. 그 결과 정몽주는 일본의 책임자로부터 왜구를 ❷단속하겠다는 약속을 받고, 왜구에 잡혀갔던 고려인 수백 명을 데리고 귀국하였답니다.

왜구를 단속하고 왜구에 잡힌 고려인을 풀어 주시오.

그렇게 하겠소.

한편, 일본 사람들은 정몽주의 ❸학식에 깜짝 놀랐다고 해요. 학문에 뛰어났던 정몽주가 일본인들이 묻는 것에 척척 대답해 주었거든요. 일본인들은 매일 정몽주 곁에 모여서 시를 청하고, 주변 ❹명승지를 구경시켜 주었어요. 지금도 일본 규슈에 가면 정몽주와 관련된 ❺유적지들을 찾아볼 수 있답니다.

❶ 총명: 썩 영리하고 재주가 있음.
❷ 단속: 주의를 기울여 다잡거나 보살핌.
❸ 학식: 학문과 식견을 통틀어 이르는 말
❹ 명승지: 경치가 좋기로 이름난 곳
❺ 유적: 남아 있는 자취. 건축물이나 싸움터 또는 역사적인 사건이 벌어졌던 곳이나 무덤 등을 이름.

중심 낱말 찾기
01 다음에서 설명하는 인물을 이 글에서 찾아 쓰세요.

> 고려의 사절단으로 일본에 방문하여 협상을 통해 왜구를 단속하겠다는 약속을 받고, 왜구에 잡혀갔던 고려인들을 데리고 귀국하였다.

✎ 정몽주

028쪽 029쪽

내용 이해
02 이 글의 내용과 일치하는 것은 무엇인가요? [✎ ②]

① 정몽주는 일본에 불교를 전해 주었다.
② 정몽주는 고려의 사절단으로 일본에 갔다.
③ 정몽주는 일본 사람들의 학식에 깜짝 놀랐다.
④ 정몽주는 20세가 되기 전에 과거 시험을 통과하였다.
⑤ 일본 책임자는 정몽주에게 고려인을 단속하겠다고 약속하였다.

도움말 | 정몽주는 고려를 대표하는 사절단으로 일본에 가서 일본의 책임자와 협상을 벌였어요.

어휘 확인
03 다음 낱말의 뜻을 찾아 선으로 이으세요.

1 총명 • • ㉠ 경치가 좋기로 이름난 곳
2 학식 • • ㉡ 썩 영리하고 재주가 있음.
3 명승지 • • ㉢ 학문과 식견을 통틀어 이르는 말

중심 내용 찾기
04 다음 빈칸을 채워 이 글의 내용을 정리해 보세요.

어려서부터 총명하여 24세에 과거 시험을 통과한 정몽주는 고려의 관리가 된 뒤에 일 본 과의 협상에 크게 활약하였다. 정몽주가 고려를 대표하는 사 절 단 으로 일본에 갔을 때 일본 사람들은 정몽주의 학식에 깜짝 놀랐고, 지금도 일본 규슈에는 정몽주와 관련된 유적지들이 있다.

ㄹ 고려의 충신

고려 말에는 외적의 침입을 많이 받았고, 나라 안에서도 권력을 가진 사람들의 횡포가 심해 사회가 혼란하였어요. 이러한 상황에서 정몽주, 이성계 등은 고려를 개혁하고자 힘을 합하였지요. 정몽주와 이성계 ❻일파는 고려의 창왕을 폐하고 공양왕을 세우는 일에 앞장섰어요.

정몽주는 새롭게 왕이 된 공양왕이 고려 사회의 여러 문제를 해결하고 고려를 강하게 만들 것이라고 생각하였어요. 하지만 이성계 일파는 고려 왕조를 없애고, 새로운 왕조를 세워야 한다고 주장하였지요. 고려 왕조를 유지하며 개혁을 해야 한다고 생각한 정몽주는 ❼역성혁명을 ❽도모하는 이성계 일파와 사이가 점점 멀어졌어요.

어느 날 정몽주는 이성계에게 병문안을 갔어요. 이날 이성계의 아들인 이방원은 정몽주가 자신들과 함께 역성혁명을 할 것인지 시험하기로 하였어요. 이방원은 정몽주에게 「하여가」라는 시조로 함께 새 왕조를 ❾개창하자고 이야기하였어요. 이에 정몽주는 「단심가」라는 시조를 지어 자신에게는 고려뿐임을 밝혔지요. 정몽주의 생각이 ❿확고하다는 사실을 깨달은 이방원은 부하들을 보내 정몽주를 공격하게 하였고, 결국 정몽주는 죽고 말았답니다.

함께 새로운 세상을 만드시지요.

나에겐 고려뿐이라네.

❻ 일파: 주의, 주장 또는 목적을 같이하여 모인 한 동아리
❼ 역성혁명: 왕조가 바뀌는 일
❽ 도모: 어떤 일을 이루기 위하여 대책과 방법을 세움.
❾ 개창: 새로 시작하거나 섬. 또는 그렇게 세움.
❿ 확고하다: 태도나 상황 따위가 튼튼하고 굳다.

중심 낱말 찾기
05 다음 빈칸에 공통으로 들어갈 낱말을 이 글에서 찾아 쓰세요.

> 이성계 일파는 ( ) 왕조를 없애고 새로운 왕조를 세워야 한다고 하였지만, 정몽주는 ( ) 왕조를 유지하며 개혁을 해야 한다고 주장하였다.

✎ 고려

030쪽 031쪽

내용 이해
06 이 글의 내용과 일치하면 ○, 일치하지 않으면 ×에 표시하세요.

1 정몽주는 역성혁명에 찬성하였다. [○ /ⓧ] → 정몽주는 역성혁명에 반대하였어요.
2 정몽주는 창왕을 폐하는 일에 참여하였다. [ⓞ/ ×]

어휘 확인
07 다음 문장의 빈칸에 들어갈 낱말을 보기 에서 찾아 쓰세요.

> 보기
>
> 개창   도모   일파

1 회장은 기업의 위기를 피할 길을 (도모)하였다.
2 이성계는 조선 왕조를 (개창)한 후 왕권 강화에 힘썼다.
3 고려의 묘청 (일파)은/는 서경으로 도읍을 옮기자고 하였다.

내용 추론
08 이 글을 읽은 어린이가 보기 에 대해 말한 내용으로 알맞은 것은 무엇인가요? [✎ ⑤]

> 보기
>
> 이 몸이 죽고 죽어 일백 번 고쳐 죽어 / 백골이 진토되어 넋이라도 있고 없고 / 님 향한 일편단심이야 가실 줄이 있으랴.
> — 정몽주, 「단심가」

① 공양왕을 없애려는 야심이 담겨 있구나.
② 이성계를 없애려는 생각이 나타나 있구나.
③ 역성혁명을 일으키자는 주장이 담겨 있구나.
④ 창왕을 폐한 일에 대한 후회가 드러나 있구나.
⑤ 고려 왕조를 지키려는 마음이 드러나 있구나.

도움말 | 일백 번 죽어도 님 향한 일편단심은 변하지 않는다는 시조의 내용에서, 고려 왕조를 지키겠다는 정몽주의 마음을 엿볼 수 있어요.

07 이성계

1) 홍건적을 물리치다

032쪽 033쪽

글을 읽으면서 중요하다고 생각하는 낱말에 색칠해 보세요.

함경도 지역에서 태어난 이성계는 어려서부터 ^①용맹하였어요. 그는 말을 잘 타고 활을 잘 쏘아서 여러 전투에서 승리하며 이름을 날렸답니다.

고려 말 중국의 원나라에서 홍건적이 ^②반란을 일으켰어요. 이들은 한족 반란군으로, 머리에 붉은 두건을 둘렀다고 해서 홍건적이라고 불렸어요. 그런데 홍건적이 반란을 진압하려는 원나라 군대에 쫓기면서 고려에 쳐들어왔어요. 20만 명이 넘는 홍건적은 고려의 수도 개경을 점령해 버렸지요. 고려의 공민왕과 신하들은 홍건적을 피해 남쪽의 복주(현재의 안동)로 ^③피난을 갔어요. 그리고 공민왕은 이성계에게 개경을 점령하고 있는 홍건적을 공격하라고 명령하였어요.

이성계는 오래전부터 자신과 함께 전투를 하였던 군인들과 개경으로 향하였어요. 이성계가 이끄는 군인들은 앞장서서 개경에 ^④진입하여 홍건적과 싸웠어요. 결국 홍건적은 개경을 버리고 다시 중국으로 도망쳤지요. 이러한 ^⑤활약에 힘입어 이성계의 명성이 높아지고, 많은 사람이 이성계를 따르게 되었답니다.

① 용맹: 용감하고 사나움.
② 반란: 정부나 지도자 따위에 반대하여 내란을 일으킴.
③ 피난: 재난을 피하여 멀리 옮겨 감.
④ 진입: 향하여 내처 들어감.
⑤ 활약: 활발히 활동함.

중심 낱말 찾기

01 다음에서 설명하는 무리를 이 글에서 찾아 쓰세요.

한족 반란군으로 머리에 붉은 두건을 둘렀으며, 원나라 군대에 쫓기면서 고려에 쳐들어왔다.

✎ 홍건적

내용 이해

02 이 글의 내용과 일치하면 ○, 일치하지 않으면 ✕에 표시하세요.

① 이성계는 활을 잘 쏘았다. [○/✕]
② 고려에서 홍건적이 반란을 일으켰다. [○/✕] ← 홍건적은 원나라에서 반란을 일으켰어요.
③ 공민왕은 개경이 함락되자, 원나라로 피난을 갔다. [○/✕] ← 공민왕은 복주로 피난을 갔어요.
④ 이성계가 이끄는 군인들이 개경에서 홍건적을 물리쳤다. [○/✕]

어휘 확인

03 다음 문장의 빈칸에 들어갈 낱말을 <보기>에서 찾아 쓰세요.

보기
진입   피난   활약

① 지진이 나자 마을 사람들은 (피난)을 떠났다.
② 경찰은 범인이 점거한 건물에 (진입)하기로 하였다.
③ 내가 응원하는 농구 팀은 주장의 (활약)에 힘입어 우승하였다.

중심 내용 찾기

04 다음 빈칸을 채워 이 글의 내용을 정리해 보세요.

| 이 | 성 | 계 |는 홍건적이 고려의 수도 | 개 | 경 |을 점령하자, 군대를 이끌고 개경으로 가서 홍건적을 물리쳤다.

2) 조선을 세우다

034쪽 035쪽

우왕이 고려를 다스릴 당시 중국의 명나라는 고려에 철령 북쪽의 땅을 내놓으라고 요구하였어요. 고려가 거절하자, 명나라는 철령 땅에 군대를 보내 점령하였어요. 이에 맞서 우왕은 고려가 철령과 함께 요동 지방까지 되찾아야 한다고 하였어요.

이성계는 요동을 ^⑥정벌하라는 왕의 명령을 받들어 5만여 명의 군대를 이끌고 북쪽으로 ^⑦진군하였어요. 그리고 압록강 ^⑧어귀의 위화도라는 섬에 이르게 되었지요. 그런데 며칠 동안 비가 많이 내려 압록강 물이 불어나 군대가 강을 건너기 어려웠어요. 이에 이성계는 날씨가 좋지 않으니 군대를 돌려야 한다고 조정에 보고하였답니다. 그러나 우왕이 이 보고를 받아들이지 않았어요.

결국 이성계는 ^⑨회군을 결정하였어요. 그는 군대를 이끌고 개경으로 향하였고, 최영이 이끄는 군대와의 전투에서 승리하였어요. 이를 위화도 회군이라고 해요. 위화도 회군으로 정권을 장악한 이성계는 우왕과 창왕을 잇달아 폐하며 ^⑩실질적 권력을 행사하였어요. 고려 왕조 유지를 주장하는 신하들도 모두 죽거나 유배를 가게 되었지요. 마침내 이성계는 정도전, 이방원 등의 추대로 왕이 된 후 나라 이름을 조선으로 바꾸었어요.

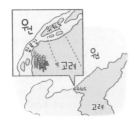

⑥ 정벌: 적 또는 죄 있는 무리를 무력으로써 침.
⑦ 진군: 적을 치러 군대가 나아감. 또는 군대를 나아가게 함.
⑧ 어귀: 드나드는 목의 첫머리.
⑨ 회군: 군사를 돌이켜 돌아가거나 돌아옴.
⑩ 실질적: 실제로 있는 본바탕과 같거나 그것에 근거하는 것.

중심 낱말 찾기

05 다음 ㉠, ㉡에 들어갈 낱말을 이 글에서 찾아 각각 쓰세요.

이성계는 (㉠   )에서 회군하여 정권을 잡고, (㉡   )을 세웠다.

✎ ㉠: 위화도   ㉡: 조선

내용 이해

06 이 글의 내용과 일치하지 않는 것은 무엇인가요? [✎ ③]

① 이성계는 창왕을 폐하였다.
② 이성계의 군대는 최영의 군대를 물리쳤다.
③ 우왕은 이성계에게 위화도 회군을 명령하였다.
④ 정도전, 이방원 등이 이성계를 왕으로 추대하였다.
⑤ 이성계는 요동을 정벌하기 위해 북쪽으로 진군하였다.

도움말 | ③ 우왕은 군대를 돌려야 한다는 이성계의 보고를 받아들이지 않았어요.

어휘 확인

07 다음 낱말의 뜻을 찾아 선으로 이으세요.

① 어귀 ● ● ㉠ 드나드는 목의 첫머리
② 정벌 ● ● ㉡ 군사를 돌이켜 돌아가거나 돌아옴.
③ 회군 ● ● ㉢ 적 또는 죄 있는 무리를 무력으로써 침.

내용 추론

08 위화도 회군이 역사적으로 중요한 까닭을 알맞게 말한 어린이는 누구인지 쓰세요.

기영 : 조선이 세워지는 계기가 되었기 때문이야.
윤경 : 고려가 요동을 정벌하고 고려의 땅으로 삼았기 때문이야.
철수 : 중국에서 원나라가 멸망하고 명나라가 세워지는 배경이 되었기 때문이야.

도움말 | 위화도 회군을 계기로 고려가 멸망하고 조선이 세워지게 되었어요.

✎ 기영

08 정도전

1 새로운 나라를 꿈꾸다

글을 읽으면서 중요하다고 생각하는 낱말에 색칠해 보세요.

정도전은 고려에서 태어나 조선 시대까지 활동한 학자이자 정치가였어요. 고려에서 정도전은 과거 시험에 합격하여 관직에 나아갔어요. 하지만 고려가 원나라와의 외교 관계를 끊어야 한다고 주장하며 [●]권문세족과 맞서다가 관직에서 쫓겨나 유배를 떠나게 되었답니다.

정도전은 권문세족의 박해를 받아 오랜 기간 유배와 [●]유랑 생활을 하였어요. 그는 먹고 살기 위해 밭농사를 배우고 [●]약초를 재배하기도 하면서 백성들과 어울려 살았는데요. 그러면서 [●]권세가에게 땅을 빼앗기고 왜구들에게 약탈을 당해 고통받는 백성들의 현실을 보게 되었지요.

정도전은 고려 왕조가 더 이상 백성들을 행복하게 해 주지 못한다고 생각하였어요. 그래서 백성을 위한 새로운 나라를 만들어야 한다고 생각하였답니다. 마침내 정도전은 [●]결단을 내렸어요. 정도전은 당시 외적을 물리쳐 명성을 얻은 이성계를 찾아가 새 왕조를 만들자는 뜻을 내비쳤어요. 이후 정도전은 이성계를 도와 고려 왕조를 무너뜨리고 조선 건국의 기초를 닦았답니다.

이런 군사라면 무슨 일이든 할 수 있겠군요.

● **권문세족**: 고려 후기에 원나라를 배경으로 새롭게 성장한 지배 세력
● **유랑**: 일정한 거처가 없이 떠돌아다님.
● **약초**: 약으로 쓰는 풀
● **권세가**: 정치상의 권력과 세력이 있는 사람
● **결단**: 결정적인 판단을 하거나 단정을 내림. 또는 그런 판단이나 단정

중심 낱말 찾기
01 다음에서 설명하는 세력을 이 글에서 찾아 쓰세요.

> 고려 후기의 지배 세력으로, 원나라와의 외교 관계를 끊어야 한다고 주장한 정도전을 박해하였다.

✏️ 권문세족

내용 이해
02 이 글을 읽고 알 수 있는 내용으로 알맞지 않은 것은 무엇인가요? [✏️ ①]

① 원나라의 외교 정책
② 고려 후기의 지배 세력
③ 고려 후기 백성들의 현실
④ 정도전이 유배를 간 까닭
⑤ 정도전이 이성계를 찾아간 까닭

도움말 | ① 이 글에는 정도전이 추구한 외교 방향은 나타나 있지만 원나라의 외교 정책은 쓰여 있지 않아요.

어휘 확인
03 다음 낱말의 뜻을 찾아 선으로 이으세요.

1 결단 ● ㉠ 일정한 거처가 없이 떠돌아다님.
2 유랑 ● ㉡ 정치상의 권력과 세력이 있는 사람
3 권세가 ● ㉢ 결정적인 판단을 하거나 단정을 내림. 또는 그런 판단이나 단정

내용 추론
04 정도전이 다음과 같이 토지 제도를 바꾸고자 한 배경을 이 글을 참고하여 쓰세요.

> 권세가들이 가진 전국의 토지를 국가가 가지게 하고, 이를 나라 안의 모든 농민들에게 식구 수 대로 나누어 주어야 한다.

✏️ 정도전은 권세가에게 땅을 빼앗겨서 고통받는 백성들의 현실을 보았기 때문에 백성을 위한 토지 제도를 실시하고자 하였다.

도움말 | 제시된 토지 제도는 농민을 위한 제도예요.

036쪽
037쪽

---

2 한양의 설계자

정도전은 조선 왕조에 어울리는 새로운 도읍이 필요하다고 주장하였어요. 개경에서 오랫동안 살았던 고려의 권문세족 중에 새 왕조의 개창을 반대하는 사람들도 많았기 때문에 개경을 벗어나고자 한 것이에요. 새로운 도읍지는 몇 곳의 후보 중에서 최종적으로 정도전이 추천한 한양이 채택되었어요. 한양은 한반도 중심에 있고, 한강을 끼고 있어 교통이 편리한 곳이었어요. 또한 [●]사방이 산으로 둘러싸여 있어서 외적을 방어하기에도 좋은 곳이었답니다.

정도전은 한양에 들어설 여러 건물들의 위치와 이름도 정하였어요. 왕이 [●]거처하는 궁궐 중 으뜸이 되는 법궁은 '경복궁'이라고 하였어요. '경복궁'이라는 이름에는 오래도록 큰 복을 [●]누리라는 바람이 담겨 있어요. 경복궁에서 왕이 정치를 하는 건물은 근정전이라고 하였어요. '근정'은 부지런히 나라를 다스린다는 뜻이에요. 도성의 [●]문루에는 유교 사상인 [●]인의예지에 근거하여 흥인지문, 돈의문, 숭례문, 소지문으로 이름을 붙였답니다.

정도전은 한양의 설계 외에도 여러 가지 정책들을 마련함으로써 새로운 나라를 다스릴 기반을 다져 나갔어요.

● **사방**: 동, 서, 남, 북 네 방위를 통틀어 이르는 말
● **거처**: 일정하게 자리를 잡고 사는 일. 또는 그 장소
● **누리다**: 생활 속에서 마음껏 즐기거나 맛보다.
● **문루**: 궁문, 성문 따위의 바깥문 위에 지은 다락집
● **인의예지**: 유학에서 말하는 사람이 마땅히 갖추어야 할 네 가지 성품으로, 어질고, 의롭고, 예의 바르고, 지혜로움을 의미함.

중심 낱말 찾기
05 이 글의 내용과 일치하도록 괄호 안의 낱말 중 알맞은 것에 ○표 하세요.

1 정도전은 [**경복궁**, 창덕궁]을 새 왕조의 법궁으로 삼았다.
2 조선 도성에 있는 주요 문루의 이름은 [불교, **유교**] 사상에 근거하여 지었다.
3 한양은 한반도 중심에 있고, [**한강**, 압록강]을 끼고 있어 교통이 편리한 곳이었다.

내용 이해
06 이 글의 내용과 일치하는 것은 무엇인가요? [✏️ ④]

① 조선의 법궁은 근정전이라고 이름 지었다.
② 정도전은 한양으로의 수도 이전을 반대하였다.
③ 근정전은 인자한 정치를 펼치라는 의미로 지었다.
④ 정도전은 한양에 들어설 건물들의 이름을 정하였다.
⑤ 대부분의 권문세족은 수도를 새로 정하는 것에 찬성하였다.

도움말 | 정도전은 조선의 수도로 한양을 추천하고, 한양에 들어설 건물들의 위치와 이름을 정하였어요.

어휘 확인
07 다음 낱말의 뜻을 찾아 선으로 이으세요.

1 거처 ● ㉠ 동, 서, 남, 북 네 방위를 통틀어 이르는 말
2 문루 ● ㉡ 궁문, 성문 따위의 바깥문 위에 지은 다락집
3 사방 ● ㉢ 일정하게 자리를 잡고 사는 일. 또는 그 장소

중심 내용 찾기
08 다음 빈칸을 채워 이 글의 내용을 정리해 보세요.

정도전은 한양으로 수도를 옮기고 이곳에 들어설 여러 건물들의 위치와 이름을 정하는 일을 주도하였다. 이와 함께 여러 가지 정책들을 마련하여 새로운 나라를 다스릴 기반을 다져 나갔다.

038쪽
039쪽

09 태종

1 왕자의 난을 일으키다

040쪽
041쪽

글을 읽으면서 중요하다고 생각하는 낱말에 색칠해 보세요.

태조 이성계의 다섯째 아들인 이방원은 조선의 건국 과정에서 이성계가 즉위하는 데 여러 공을 세웠어요. 그렇기 때문에 이방원은 자신이 공신으로 ^①선정될 것이라고 생각하였어요. 그런데 정도전 등이 이방원을 견제하기 위해 공신 선정에서 제외해 버렸어요. 게다가 공신 세력들은 자신의 동생인 이방석을 ^②세자로 책봉하였지요. 새 왕조의 왕이 되고 싶었던 이방원은 공신 세력들을 제거하기로 결심하였답니다.

이방원은 정도전, 심효생 등이 남은의 집에 모였다는 소식을 들었어요. 그는 자신의 군대를 동원해 남은의 집을 ^③포위하였어요. 그리고 남은의 집 주변에 불을 질러 혼란한 틈을 타 자신의 세자 책봉에 반대하였던 세력들을 제거하였지요. 이 사건을 1차 왕자의 ^④난이라고 불러요. 왕자의 난으로 권력을 장악한 이방원은 둘째 형 이방과를 세자의 자리에 앉히고, 동생 이방석을 제거하였답니다.

얼마 후 이방원은 왕위를 노리며 2차 왕자의 난을 일으킨 이방간을 제거하고 ^⑤세제로 책봉되었어요. 이 사람이 바로 조선의 세 번째 왕이었던 태종 이랍니다.

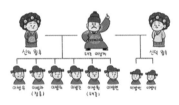

- ① 선정: 여럿 가운데서 어떤 것을 뽑아 정함.
- ② 세자: 임금의 자리를 이을 이로 정한 아들
- ③ 포위: 주위를 에워쌈.
- ④ 난: 전쟁이나 병란
- ⑤ 세제: 왕위를 이어받을 왕의 아우

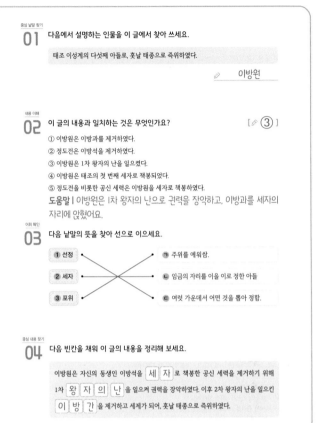

중심 낱말 찾기

01 다음에서 설명하는 인물을 이 글에서 찾아 쓰세요.

태조 이성계의 다섯째 아들로, 훗날 태종으로 즉위하였다.

✏ 이방원

내용 이해

02 이 글의 내용과 일치하는 것은 무엇인가요? [✏ ③]

① 이방원은 이방과를 제거하였다.
② 정도전은 이방석을 제거하였다.
③ 이방원은 1차 왕자의 난을 일으켰다.
④ 이방원은 태조의 첫 번째 세자로 책봉되었다.
⑤ 정도전을 비롯한 공신 세력은 이방원을 세자로 책봉하였다.

도움말 | 이방원은 1차 왕자의 난으로 권력을 장악하고, 이방과를 세자의 자리에 앉혔어요.

어휘 확인

03 다음 낱말의 뜻을 찾아 선으로 이으세요.

① 선정 • • ㉠ 주위를 에워쌈.
② 세자 • • ㉡ 임금의 자리를 이을 이로 정한 아들
③ 포위 • • ㉢ 여럿 가운데서 어떤 것을 뽑아 정함.

중심 내용 찾기

04 다음 빈칸을 채워 이 글의 내용을 정리해 보세요.

이방원은 자신의 동생인 이방석을 세 자 로 책봉한 공신 세력을 제거하기 위해 1차 왕 자 의 난 을 일으켜 권력을 장악하였다. 이후 2차 왕자의 난을 일으킨 이 방 간 을 제거하고 세제가 되어, 훗날 태종으로 즉위하였다.

2 조선 왕조의 기틀을 마련하다

042쪽
043쪽

태종 이방원은 조선을 안정시키기 위해 여러 가지 정책을 펼쳐 나갔어요. 그는 왕의 힘이 신하들의 힘보다 강해야 한다고 생각하였어요. 이를 위해 신하들이 가지고 있는 ^⑥사병을 ^⑦혁파하고, 그들의 군대를 왕이 통솔하게 하였어요. 이방원은 이 과정에서 자신의 명령을 듣지 않는 세력들을 모두 ^⑧숙청하였답니다.

또한 태종은 중앙 제도를 정비하였어요. 그는 나라의 업무를 처리하는 여러 부서를 설치함으로써 왕의 업무와 신하의 업무를 구분하고 ^⑨배분하여 왕권을 더욱 강화하였지요.

태종은 호패법도 실시하였어요. 호패는 조선 시대에 16세 이상의 남자들이 차고 다니던 일종의 신분증으로, 막대 모양을 하고 있었어요. 양반부터 농민에게까지 모두 ^⑩발급된 호패에는 이름, 태어난 연도, 거주지 등을 기록하였지요. 호패법을 통해 태종은 백성들의 사정을 파악할 수 있었고, 이를 기준으로 삼아 세금을 걷고 노동력을 동원하였답니다. 이렇게 태종이 여러 정책을 추진하면서 조선 건국 초의 혼란이 진정되고 왕권이 안정되어 갔어요.

이름은 박진영, 나이는 34세, 콧수염이 있고 ……

- ⑥ 사병: 권세를 가진 개인이 사사로이 길러서 부리는 병사
- ⑦ 혁파: 묵은 기구, 제도, 법령 따위를 없앰.
- ⑧ 숙청: 정책이나 조직의 일체성을 확보하기 위하여 반대파를 차단하거나 제거함.
- ⑨ 배분: 한 묶 한 묶으로 일정한 비례에 맞추어 여러 몫으로 나눔.
- ⑩ 발급: 증명서 따위를 발행하여 줌.

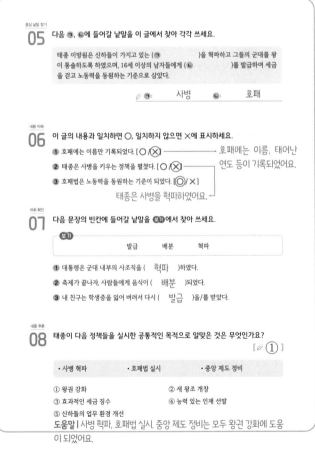

중심 낱말 찾기

05 다음 ㉠, ㉡에 들어갈 낱말을 이 글에서 찾아 각각 쓰세요.

태종 이방원은 신하들이 가지고 있는 (㉠)을 혁파하고 그들의 군대를 왕이 통솔하도록 하였으며, 16세 이상의 남자들에게 (㉡)를 발급하여 세금을 걷고 노동력을 동원하는 기준으로 삼았다.

✏ ㉠ 사병 ㉡ 호패

내용 이해

06 이 글의 내용과 일치하면 ◯, 일치하지 않으면 ✕에 표시하세요.

① 호패에는 이름만 기록되었다. [◯ / ✕] ── 호패에는 이름, 태어난 연도 등이 기록되었어요.
② 태종은 사병을 키우는 정책을 펼쳤다. [◯ / ✕]
③ 호패법은 노동력을 동원하는 기준이 되었다. [◯ / ✕]
태종은 사병을 혁파하였어요.

어휘 확인

07 다음 문장의 빈칸에 들어갈 낱말을 보기에서 찾아 쓰세요.

보기
발급 배분 혁파

① 대통령은 군대 내부의 사조직을 (혁파)하였다.
② 축제가 끝나자, 사람들에게 음식을 (배분)되었다.
③ 내 친구는 학생증을 잃어 버려서 다시 (발급)을/를 받았다.

내용 추론

08 태종이 다음 정책들을 실시한 공통적인 목적으로 알맞은 것은 무엇인가요? [✏ ①]

• 사병 혁파 • 호패법 실시 • 중앙 제도 정비

① 왕권 강화 ② 새 왕조 개창
③ 효과적인 세금 징수 ④ 능력 있는 인재 선발
⑤ 신하들의 업무 환경 개선

도움말 | 사병 혁파, 호패법 실시, 중앙 제도 정비는 모두 왕권 강화에 도움이 되었어요.

10 세종

1 4군 6진을 개척하다

글을 읽으면서 중요하다고 생각하는 낱말에 색칠해 보세요.

조선의 제4대 왕인 세종은 태종의 셋째 아들로 태어나 1418년 왕위에 올랐어요. 세종은 우리 영토에 관심이 많았어요. 지방관들에게 각 지역의 지도, 풍습, 지리 등에 대해 조사하게 하여 이를 기반으로 ^①지리지를 ^②편찬하기도 하였지요.

세종은 영토 확장에도 힘을 기울여 압록강 일대의 영역을 확보하기 위해 다양한 ^③정책을 추진하였어요. 당시 북쪽에 살고 있는 백성들이 ^④여진족의 침입으로 고통받고 있었기 때문에 이들을 몰아내고 영토를 확장하는 것은 중요한 과제였지요.

세종은 최윤덕에게 여진을 ^⑤정벌하도록 하였어요. 세종의 명령을 받은 최윤덕은 압록강과 개마고원 일대의 여진족을 공격하여 물리쳤어요. 그리고 이 일대에 4개의 군을 설치하였는데, 이를 4군이라고 해요. 세종은 김종서에게는 두만강 일대의 여진족을 소탕하게 하였어요. 김종서가 이끄는 조선군은 함경도 지역의 여진족을 소탕하고 이 일대에 여섯 개의 진을 설치하였는데, 이를 6진이라고 해요. 이렇게 세종 때 4군과 6진을 개척함으로써 평안도와 함경도 북부 지방을 우리 영토로 확보하게 되었답니다.

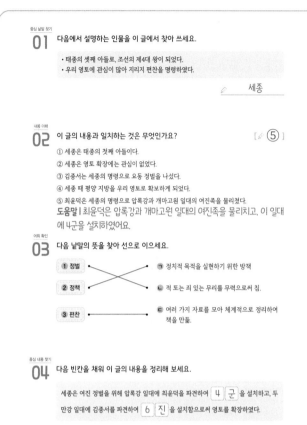

^① 지리지: 일정한 지역의 지리적 특성을 종합적으로 혹은 부분별로 서술한 책
^② 편찬: 여러 가지 자료를 모아 체계적으로 정리하여 책을 만듦.
^③ 정책: 정치적 목적을 실현하기 위한 방책
^④ 여진족: 한반도 북쪽에서 수렵과 목축을 주로 하던 유목 민족
^⑤ 정벌: 적 또는 죄 있는 무리를 무력으로써 침.

중심 낱말 찾기

01 다음에서 설명하는 인물을 이 글에서 찾아 쓰세요.

- 태종의 셋째 아들로, 조선의 제4대 왕이 되었다.
- 우리 영토에 관심이 많아 지리지 편찬을 명령하였다.

✏ 세종

044쪽 045쪽

내용 이해

02 이 글의 내용과 일치하는 것은 무엇인가요? [✏ ⑤]

① 세종은 태종의 첫째 아들이다.
② 세종은 영토 확장에는 관심이 없었다.
③ 김종서는 세종의 명령으로 요동 정벌을 나섰다.
④ 세종 때 평양 지방을 우리 영토로 확보하게 되었다.
⑤ 최윤덕은 세종의 명령으로 압록강과 개마고원 일대의 여진족을 물리쳤다.

도움말 | 최윤덕은 압록강과 개마고원 일대의 여진족을 물리치고, 이 일대에 4군을 설치하였어요.

어휘 확인

03 다음 낱말의 뜻을 찾아 선으로 이으세요.

1 정벌 　　　 　ⓐ 정치적 목적을 실현하기 위한 방책

2 정책 　　　 　ⓑ 적 또는 죄 있는 무리를 무력으로써 침.

3 편찬 　　　 　ⓒ 여러 가지 자료를 모아 체계적으로 정리하여 책을 만듦.

중심 내용 찾기

04 다음 빈칸을 채워 이 글의 내용을 정리해 보세요.

세종은 여진 정벌을 위해 압록강 일대에 최윤덕을 파견하여 **4** **군** 을 설치하고, 두만강 일대에 김종서를 파견하여 **6** **진** 을 설치함으로써 영토를 확장하였다.

2 훈민정음을 창제하다

옛날에 우리나라 사람들은 중국의 어렵고 복잡한 한자를 사용하였어요. 그러다 보니 백성들은 한자를 배우기 어려워 글을 읽지 못하고, 자신의 생각을 제대로 드러내지 못하였지요. 세종은 백성들이 글자를 쉽게 배워 사용할 수 있다면 그들의 생활이 훨씬 ^⑥편리해질 것이라고 생각하였어요. 그러나 신하들은 새로운 글자를 만드는 것이 당시 중국을 따르는 ^⑦가치에 맞지 않는다고 반대하였어요.

세종은 신하들의 반대를 물리치고 1443년 오랜 연구와 실험을 거쳐 훈민정음을 ^⑧창제하였어요. 훈민정음은 '백성을 가르치는 바른 소리'라는 뜻이에요. 그리고 세종은 1446년 훈민정음을 ^⑨반포하여 전국에 널리 알렸어요.

세종이 창제한 훈민정음은 소리 나는 대로 적는 문자이기 때문에 한자에 비해 배우기가 쉬웠어요. 당시 양반들은 훈민정음을 언문, 언서 등으로 부르며 ^⑩홀대하였지만 백성들은 훈민정음의 창제를 무척 반겼어요. 세종은 정인지, 신숙주 등을 시켜 훈민정음의 창제 원리와 사용법을 자세히 적은 『훈민정음 해례본』을 만들게 하였어요. 그리고 훈민정음으로 된 책들을 편찬하는 등 새로운 글자가 널리 보급될 수 있도록 꾸준히 힘썼답니다.

^⑥ 편리: 편하고 이로우며 이용하기 쉬움.
^⑦ 가치: 사물이 지니고 있는 쓸모
^⑧ 창제: 전에 없던 것을 처음으로 만들거나 제정함.
^⑨ 반포: 세상에 널리 퍼뜨려 모두 알게 함.
^⑩ 홀대: 소홀히 대접함.

중심 낱말 찾기

05 다음에서 설명하는 문자를 이 글에서 찾아 쓰세요.

세종이 창제한 문자로, '백성을 가르치는 바른 소리'라는 뜻이 담겨 있다.

✏ 훈민정음

046쪽 047쪽

내용 이해

06 이 글의 내용과 일치하면 ○, 일치하지 않으면 ✕에 표시하세요.

1 훈민정음은 소리 나는 대로 적는 문자이다. [○ / ✕]
2 대부분의 신하들은 훈민정음 창제를 찬성하였다. [○ / ✕] — 대부분 신하들은 훈민정음 창제에 반대하였어요.
3 조선 시대 양반들은 훈민정음을 언문, 언서 등으로 부르며 홀대하였다. [○ / ✕]

어휘 확인

07 다음 문장의 빈칸에 들어갈 낱말을 **보기**에서 찾아 쓰세요.

보기
반포　　편리　　홀대

1 우리 동네는 교통이 매우 (편리)하다.
2 엄마는 집에 온 손님을 (홀대)하면 안 된다고 하였다.
3 조선에서는 『경국대전』이라는 법전을 (반포)하여 통치의 기틀을 마련하였다.

내용 추론

08 이 글을 읽고 세종에 대해 바르게 말한 어린이는 누구인지 쓰세요.

명수 　중국 중심의 가치를 믿고 받들었던 것 같아.
이현 　신하들의 의견을 최우선으로 삼았던 것 같아.
현진 　백성들에게 도움을 줄 수 있는 일에 관심이 많았던 것 같아.

도움말 | 세종은 백성들을 위해 신하들의 반대를 물리치고 훈민정음을 창제하였어요. ✏ 현진

11 장영실

| 시대 | 조선 시대

① 노비 출신으로 벼슬을 얻기까지

048쪽
049쪽

글을 읽으면서 중요하다고 생각하는 낱말에 색칠해 보세요.

장영실은 조선 최고의 과학자 중 한 명이에요. 그는 어렸을 때부터 주변에 있는 도구와 기계들의 작동 ①원리를 파악하는 능력이 뛰어났어요. 손재주도 좋아 물건을 만들거나 고치는 일에 재능을 보였지요. 그런데 장영실은 조선에서 가장 낮은 신분인 천민에 속하는 노비였어요. 조선의 신분 제도는 엄격해서 천민이 과학을 공부하거나 관직에 진출하는 것이 거의 불가능하였답니다.

태종 때 장영실은 수령의 추천으로 궁궐의 상의원에서 일하게 되었어요. 상의원은 왕실의 옷과 궁궐의 여러 기물을 만들던 곳이었어요. 이곳에서 기술자로 일하던 장영실은 이후 세종 때 ②발탁되어 과학자로서 많은 활약을 하였답니다.

세종은 과학 발달에 관심이 많았어요. 과학의 발달로 절기와 시간을 정확하게 파악할 수 있으면, 자연 ③재해에 대비할 수 있었기 때문이에요. 세종은 장영실의 능력을 높이 평가하여 그를 명나라에 유학을 가도록 하였어요. 게다가 장영실을 천민의 신분에서 벗어나게 해 주고, 장영실에게 벼슬도 내려 주었지요. 이후 장영실이 여러 가지 도구를 ④고안하여 조선 전기 과학 기술은 크게 발전해 갔답니다.

❶ 원리: 사물의 근본이 되는 이치
❷ 발탁: 여러 사람 가운데서 쓸 사람을 뽑음.
❸ 절기: 한 해를 스물넷으로 나눈, 계절의 표준이 되는 것
❹ 재해: 재앙으로 말미암아 받는 피해. 지진, 태풍, 홍수, 가뭄 등이 해당함.
❺ 고안: 연구하여 새로운 안을 생각해 냄. 또는 그 안

---

01 중심 낱말 찾기
다음에서 설명하는 인물을 이 글에서 찾아 쓰세요.

조선의 왕으로, 장영실의 능력을 높이 평가하여 그를 천민에서 벗어나게 해 주고, 그에게 벼슬을 내려 주었다.

✎ 세종

도움말 | 세종은 과학자로서의 장영실을 높이 평가하여 그에게 여러 혜택을 주었어요.

02 내용 이해
세종이 과학 발달에 관심이 많았던 까닭으로 알맞은 것은 무엇인가요? [✎ ③]

① 도읍을 옮길 수 있기 때문에
② 신분 제도를 철폐할 수 있기 때문에
③ 자연 재해에 대비할 수 있기 때문에
④ 훈민정음을 널리 알릴 수 있기 때문에
⑤ 천민을 신분에서 벗어나게 해 줄 수 있기 때문에

도움말 | 세종은 절기와 시간을 정확하게 파악하면 자연 재해에 대비할 수 있기 때문에 과학 발달에 관심이 많았어요.

03 어휘 확인
다음 낱말의 뜻을 찾아 선으로 이으세요.

1 고안 • • ㉠ 사물의 근본이 되는 이치
2 발탁 • • ㉡ 여러 사람 가운데서 쓸 사람을 뽑음.
3 원리 • • ㉢ 연구하여 새로운 안을 생각해 냄. 또는 그 안

04 중심 내용 찾기
다음 빈칸을 채워 이 글의 내용을 정리해 보세요.

장영실은 본래 천민에 속하는 노 비 였으나, 세종 때 발탁되어 과학자로서 활약하였다. 세종은 그의 능력을 높이 평가하여 그를 천민에서 벗어나게 해 주고 벼 슬 을 내려 주었다.

---

② 여러 가지 기구를 만들다

050쪽
051쪽

장영실은 명나라에 갔을 때 ⑥천문을 관측하는 도구를 자세히 공부하였어요. 그리고 조선으로 돌아온 후에 정인지, 정초 등과 함께 혼천의를 제작하였어요. 혼천의는 해와 달과 별 등의 움직임을 관측하는 도구였어요. 훗날 이를 바탕으로 조선의 달력도 만들 수 있었지요.

장영실은 혼천의를 만들었던 기술을 ⑦토대로 앙부일구도 만들었어요. 앙부일구는 가마솥 모양의 그릇을 떠받치고 있는 형태의 해시계였어요. 뾰족한 막대를 설치해서 생기는 그림자로 시간을 알 수 있었지요. 세종은 앙부일구를 여러 사람이 오가는 길에 설치하여 백성들도 시간을 알 수 있도록 하였습니다.

그런데 앙부일구는 비가 오거나 날씨가 흐린 날에는 사용할 수 없었어요. 그래서 장영실은 이천 등과 함께 물시계인 자격루를 만들었어요. 자격루는 일정한 양의 물이 흘러내릴 때 걸리는 시간이 동일한 것을 이용해서 시간을 ⑧측정하는 방식으로 ⑨설계되었어요. 장영실이 만든 자격루는 물시계에 정밀한 기계 장치를 연결해서 때가 되면 징, 북, 종이 ⑩자동으로 시간을 알려 주었어요. 자격루는 매우 정확해서 조선의 표준 시계로 사용될 정도였답니다.

- 자격루 -
물을 흘려 보내는 항아리
자동으로 시간을 알려 주는 장치
물을 받는 항아리

❻ 천문: 우주와 천체의 온갖 현상과 그에 내재된 법칙성
❼ 토대: 어떤 사물이나 사업의 밑바탕이 되는 기초와 밑천을 비유적으로 이르는 말
❽ 측정: 헤아려 결정함.
❾ 설계: 건축, 토목, 기계 제작 등에서 그 목적에 따라 실제적인 계획을 세워 도면 등으로 명시하는 일
❿ 자동: 기계나 설비 따위가 자체 내에 있는 일정한 장치의 작용에 의하여 스스로 작동함.

---

05 중심 낱말 찾기
다음 ㉠, ㉡에 들어갈 낱말을 이 글에서 찾아 각각 쓰세요.

장영실은 정인지, 정초 등과 함께 해와 달과 별 등의 움직임을 관측하는 도구인 (㉠)를 만들었고, 이천 등과 함께 일정한 양의 물이 흘러내릴 때 걸리는 시간이 동일한 것을 이용한 물시계인 (㉡)를 만들었다.

✎ ㉠ 혼천의 ㉡ 자격루

06 내용 이해
이 글의 내용과 일치하면 ○, 일치하지 않으면 ×에 표시하세요.

① 자격루는 조선의 표준 시계로 사용되었다. [○ / ×]
② 앙부일구는 날씨와 상관없이 사용할 수 있는 시계였다. [○ / ⊗] ← 자격루가 날씨와 상관없이 사용할
③ 혼천의는 막대 그림자를 보고 시간을 알 수 있는 기구이다. [○ / ⊗] 수 있었어요.
→ 막대 그림자를 보고 시간을 알 수 있는 기구는 앙부일구예요.

07 어휘 확인
다음 문장의 빈칸에 들어갈 낱말을 보기에서 찾아 쓰세요.

보기
설계   측정   토대

① 그 회사 건물은 유명한 건축가가 (설계)을/를 하였다.
② 내가 병원에 갔을 때 간호사는 온도계로 체온을 (측정)하였다.
③ 학급 회의로 친구들이 서로 이해할 수 있는 (토대)이/가 마련되었다.

08 내용 추론
이 글의 내용으로 볼 때, 다음 기구의 이름은 무엇인지 쓰세요.

✎ 앙부일구

도움말 | 제시된 기구는 가마솥 모양의 그릇을 떠받치고 있는 형태이고, 뾰족한 막대의 그림자로 시간을 확인할 수 있어요.

12 세조

|시대| 조선 시대

1 계유정난으로 왕위에 오르다

글을 읽으면서 중요하다고 생각하는 낱말에 색칠해 보세요.

조선 제7대 왕인 세조는 세종의 둘째 아들인 수양대군이었어요. 수양대군은 어린 시절 아버지의 명에 따라 성균관에서 성리학을 공부하며 뛰어난 °학업 능력을 인정받았어요. 이뿐만 아니라 수양대군은 말타기와 활쏘기, 사냥에도 °능해 사람들을 놀라게 하였지요.

세종의 뒤를 이어 첫째 아들인 문종이 조선의 제5대 왕으로 즉위하였어요. 그런데 문종은 건강이 좋지 않아서 왕이 된 지 2년여 만에 세상을 떠나고 말았답니다. 그래서 그의 아들인 단종이 어린 나이에 왕이 되었어요.

어린 단종이 왕이 되자, 황보인, 김종서 등의 신하들이 °실권을 장악하고 정치를 주도하였어요. 이러한 상황이 마음에 들지 않았던 수양대군은 신숙주, 한명회와 같은 신하들을 자기편으로 만들며 세력을 키웠어요. 그리고 1453년, 수양대군은 김종서를 죽이고 °살생부에 따라 자신을 지지하지 않은 신하들을 °처단하여 정권을 장악하였어요. 이 사건을 계유정난이라고 해요. 계유정난으로 권력을 장악한 수양대군은 조카인 단종을 쫓아내고 세조로 즉위하였어요.

이 자는 나를 지지하지 않는군.

① **학업:** 공부하여 학문을 닦는 일
② **능하다:** 어떤 일 따위에 뛰어나다.
③ **실권:** 실제로 행사할 수 있는 권리나 권세
④ **살생부:** 죽이고 살릴 사람의 이름을 적어 둔 명부
⑤ **처단:** 결단을 내려 처치하거나 처분함.

중심 낱말 찾기
01 이 글의 내용과 일치하도록 괄호 안의 낱말 중 알맞은 것에 ○표 하세요.
① 정권을 장악한 수양대군은 [(단종) 문종]을 쫓아내고 세조로 즉위하였다.
② 단종이 왕이 되자 [(김종서) 신숙주]가 실권을 장악하고 정치를 주도하였다.

052쪽
053쪽

내용 이해
02 이 글의 내용과 일치하지 <u>않는</u> 것은 무엇인가요? [✍ ①]
① 계유정난으로 문종이 정권을 장악하였다.
② 김종서는 수양대군에게 죽임을 당하였다.
③ 문종은 왕이 된 지 2년여 만에 세상을 떠났다.
④ 수양대군은 성균관에서 성리학을 공부하였다.
⑤ 수양대군은 신숙주, 한명회 등을 자기편으로 만들었다.
도움말| ① 계유정난으로 정권을 장악한 수양대군은 단종을 쫓아내고 세조로 즉위하였어요.

어휘 확인
03 다음 낱말의 뜻을 찾아 선으로 이으세요.
① 실권 — ㉢ 실제로 행사할 수 있는 권리나 권세
② 처단 — ㉡ 결단을 내려 처치하거나 처분함.
③ 능하다 — ㉠ 어떤 일 따위에 뛰어나다.

중심 내용 찾기
04 다음 빈칸을 채워 이 글의 내용을 정리해 보세요.
문종이 죽고 어린 단종이 왕이 되자, 수양대군은 **계유정난** 을 일으켜 권력을 장악하고 **세조** 로 즉위하였다.

2 왕권 강화를 꾀하다

조카인 단종을 몰아내고 왕이 된 세조는 자신의 °정통성을 지키고 왕권을 확립하기 위한 여러 가지 정책을 펼쳤어요. 당시 성삼문, 박팽년 등 집현전 출신 학자들은 세조를 쫓아내고 단종을 다시 왕으로 세우려고 하였어요. 이 사실을 안 세조는 단종 °복위 계획에 °연관된 신하들을 죽이거나 유배 보냈어요. 그리고 이 사건을 °빌미로 집현전을 폐지하고, 왕과 신하들이 정책을 토론하고 대화하는 경연도 폐지하여 왕에게 권력을 집중하였지요.

세조는 의정부에서 갖고 있던 정책 결정권도 폐지하였어요. 6조가 업무 사항을 의정부에 보고하면 의정부에서 1차적인 검토를 거쳐 왕에게 보고하던 것과 달리 6조의 책임자들이 직접 업무 사항을 왕에게 보고하도록 하였어요. 이로써 신하들의 권한이 대폭 축소되었어요.

또한 세조는 조선의 기본 법전인 『경국대전』의 편찬을 시작하였어요. 당시 우리나라 법률은 중국의 것을 참고하여 만든 것으로, 우리나라 실정에 맞지 않거나 관리의 °재량으로 바뀌는 경우가 많았어요. 이에 세조는 통일된 법을 만들고자 하였어요. 세조가 만들기 시작한 『경국대전』은 성종 때에 이르러 완성되었고, 이후 조선을 다스리는 기본 법전이 되었답니다.

곤장 5대에 해당하는군.

⑥ **정통성:** 통치를 받는 사람에게 권력 지배를 승인하고 허용하게 하는 논리적·심리적인 근거
⑦ **복위:** 폐위되었던 제왕이나 임금의 아내가 다시 그 자리에 오름.
⑧ **연관:** 사물이나 현상이 일정한 관계를 맺는 일
⑨ **빌미:** 재앙이나 탈이 생기는 원인
⑩ **재량:** 자기의 생각과 판단에 따라 일을 처리함.

중심 낱말 찾기
05 다음에서 설명하는 책을 이 글에서 찾아 쓰세요.
세조 때 편찬하기 시작하여 성종 때 완성된 조선의 기본 법전이다.
✍ 『경국대전』

054쪽
055쪽

내용 이해
06 이 글의 내용과 일치하지 <u>않는</u> 것은 무엇인가요? [✍ ⑤]
① 세조는 집현전을 폐지하였다.
② 『경국대전』은 성종 때 완성되었다.
③ 성삼문은 단종의 복위를 꾀하였다.
④ 세조는 신하들의 권한을 축소하였다.
⑤ 세조는 6조의 책임자가 업무 사항을 의정부에 보고하게 하였다.
도움말| ⑤ 세조는 6조의 책임자가 업무 사항을 직접 왕에게 보고하도록 하였어요.

어휘 확인
07 다음 문장의 빈칸에 들어갈 낱말을 보기에서 찾아 쓰세요.

보기		
복위	연관	재량

① 그 사람은 이 사건과 아무 (연관)이/가 없다.
② 조선의 숙종은 폐위되었던 왕비인 인현 왕후를 (복위)시켰다.
③ 아이들은 체육 대회에 나갈 대표 선수 선발을 나의 (재량)에 맡겼다.

내용 추론
08 이 글을 참고하여 세조가 다음 정책들을 실시한 궁극적인 목적이 무엇인지 쓰세요.
• 경연과 집현전을 폐지하였다.
• 의정부의 정책 결정권을 폐지하고, 6조의 책임자들이 업무 사항을 왕에게 직접 보고하도록 하였다.

✍ 왕권을 강화하기 위해 실시한 정책들이다.

도움말| 경연과 집현전 폐지는 왕에게 권력을 집중한 정책이고, 의정부의 정책 결정권 폐지는 신하들의 권한을 축소한 정책이에요.

13 신사임당

1 재주와 능력이 뛰어났던 신사임당

글을 읽으면서 중요하다고 생각하는 낱말에 색칠해 보세요.

1504년 강원도 강릉에서 태어난 신사임당은 ①다재다능한 인물이었어요. 조선 시대에는 여자 아이들에게 글을 가르치는 일이 드물었지만, 신사임당의 아버지와 어머니는 여자도 제대로 교육받아야 한다고 생각하였어요. 이에 신사임당은 다양한 교육을 받으며 자신의 능력을 키울 수 있었답니다.

신사임당은 아버지에게 직접 천자문과 유교의 주요 경전을 배움으로써 성리학적 ②소양을 갖추어 나갔어요. 신사임당은 그림에도 뛰어난 실력을 보였는데, 어린 시절 신사임당이 그린 그림 속 벌레를 진짜로 착각한 닭이 부리로 쪼아 댔다는 이야기가 전해질 정도였지요. 신사임당은 글씨와 글을 쓰는 능력도 훌륭하여 자신의 마음을 담은 작품을 여럿 남겼고, 이는 ③후대에 많이 읽혔답니다.

신사임당은 19살 때 결혼한 후 지속적으로 작품 활동을 하는 한편, 자식 교육에도 힘을 쏟았어요. 그녀는 7남매를 키웠는데, 남녀 ④차별 없이 자녀들에게 글을 가르쳤고 자녀들이 각자의 재능을 살려 원하는 공부를 할 수 있게 하였어요. 그래서 자녀들은 자신의 ⑤소질을 키워 훌륭하게 성장할 수 있었답니다.

① 다재다능: 재주와 능력이 여러 가지로 많음.
② 소양: 평소 닦아 놓은 학문이나 지식
③ 후대: 뒤에 오는 세대나 시대
④ 차별: 둘 이상의 대상을 각각 등급이나 수준 따위의 차이를 두어서 구별함.
⑤ 소질: 본디부터 가지고 있는 성질. 또는 타고난 능력이나 기질

중심 낱말 찾기
01 다음 빈칸에 들어갈 낱말을 이 글에서 찾아 쓰세요.

신사임당은 그림 실력, 글씨와 글을 쓰는 능력이 훌륭한 (　　　　)한 인물이었다.

✎ 다재다능

도움말 | 신사임당은 그림, 글씨, 글쓰기 등 재주가 여러 가지로 많은 사람이었어요.

내용 이해
02 이 글의 내용과 일치하는 것은 무엇인가요? [✎ ②]

① 신사임당은 5남매를 키웠다.
② 신사임당은 그림 실력이 뛰어났다.
③ 신사임당은 성균관에서 유교 경전을 공부하였다.
④ 신사임당은 결혼 후에 작품 활동을 하지 못하였다.
⑤ 신사임당의 아버지는 여자가 교육받는 것에 반대하였다.
도움말 | 신사임당의 그림 속 벌레를 새가 부리로 쪼아 댔다는 일화가 전해질 정도로, 신사임당은 그림 실력이 뛰어났어요.

어휘 확인
03 다음 문장의 빈칸에 들어갈 낱말을 [보기]에서 찾아 쓰세요.

보기
소양	차별	후대

❶ 문화유산을 잘 보존하여 (후대)에 물려주어야 한다.
❷ 문학적 (소양)을/를 키우기 위해 책을 많이 읽어야 한다.
❸ 학교에서는 인종 (차별)을/를 없애기 위한 캠페인이 열렸다.

내용 추론
04 신사임당의 자녀들이 다음과 같이 성장할 수 있었던 까닭을 신사임당의 교육관과 관련하여 쓰세요.

신사임당의 첫째 딸 이매창은 그림에 재능이 뛰어났고, 셋째 아들 이이는 조선을 대표하는 학자로 성장하였으며, 막내아들 이우는 거문고, 글씨, 그림에 능해 이름을 떨쳤다.

✎ 신사임당은 남녀 차별 없이 자녀들을 가르쳤고, 자녀들이 각자의 재능을 살려 원하는 공부를 할 수 있게 해 주었기 때문에 신사임당의 자녀들은 자신의 소질을 키울 수 있었다.

2 조선의 화가

신사임당은 조선 시대에 그림을 잘 그리는 화가로 유명하였어요. 그녀는 특히 풀과 풀벌레를 그린 초충도를 많이 그렸어요. 신사임당이 살던 조선 시대에는 여자들이 자유롭게 돌아다니기 어려웠기 때문에 그녀는 주위에서 흔히 볼 수 있는 소재로 그림을 그린 것이에요. 훗날 조선의 왕 숙종은 그녀의 초충도를 보고 "풀과 벌레 모두 아주 똑같다."라며 칭찬하기도 하였지요.

신사임당의 뛰어난 그림 실력은 전해 내려오는 이야기를 통해서도 엿볼 수 있어요. 어느 날 신사임당은 잔칫집에 초대를 받아 양반집 부인들과 이야기를 나누고 있었어요. 그런데 음식을 나르던 ⑥하녀가 어느 부인의 치맛자락에 국을 흘리고 말았어요. 잔치에 오기 위해 새 옷을 입고 온 부인은 매우 ⑦난처해하였지요. 이때 신사임당이 그 부인에게 잠시 치마를 벗어 달라고 하더니, 붓을 들고 치마에 그림을 그리기 시작하였어요. 그러자 음식 자국으로 얼룩졌던 치마에 ⑧금세 ⑨싱싱한 포도송이가 생겨났답니다. 주위에서 이를 보고 있던 사람들은 신사임당이 그린 포도가 진짜 같아서 깜짝 놀랐다고 해요. 치마가 더럽혀져 속상해하던 부인도 그 치마를 보고 ⑩흡족해하며 신사임당에게 감사 인사를 전하였어요.

⑥ 하녀: 부엌일이나 허드렛일을 맡아서 하는 여자 하인
⑦ 난처하다: 이럴 수도 없고 저럴 수도 없어 처신하기 곤란하다.
⑧ 금세: 지금 바로
⑨ 싱싱하다: 시들거나 상하지 아니하고 생기가 있다.
⑩ 흡족: 조금도 모자람이 없을 정도로 넉넉하여 만족함.

중심 낱말 찾기
05 다음에서 설명하는 그림을 무엇이라고 하는지 이 글에서 찾아 쓰세요.

풀과 풀벌레를 그린 그림으로, 신사임당은 이 그림을 자주 그렸다.

✎ 초충도

내용 이해
06 신사임당이 초충도를 많이 그린 까닭으로 알맞은 것을 [보기]에서 골라 그 기호를 모두 쓰세요.

보기
㉠ 주위에서 흔히 볼 수 있는 소재였기 때문에
㉡ 다른 화가들이 초충도를 많이 그렸기 때문에
㉢ 신사임당이 풀과 벌레를 묘사하는 데 뛰어났기 때문에
㉣ 조선 시대에 여자들은 자유롭게 돌아다닐 수 없었기 때문에

㉠, ㉣

도움말 | 조선 시대에 여자들은 자유롭게 돌아다닐 수 없었기 때문에 신사임당은 주위에서 흔히 볼 수 있는 풀과 벌레를 많이 그렸어요.

어휘 확인
07 다음 밑줄 친 낱말과 바꾸어 쓸 수 있는 낱말은 무엇인가요? [✎ ②]

나는 혼자서 여행을 가고 싶었는데, 내 친구가 여행에 함께 가고 싶다고 말하여서 나를 난처하게 하였다.

① 슬프게　　② 곤란하게　　③ 만족하게
④ 흡족하게　　⑤ 새삼스럽게

도움말 | '난처하다'라는 말은 '처신하기 곤란하다.'라는 의미를 가지고 있어요.

중심 내용 찾기
08 이 글의 중심 내용으로 알맞은 것은 무엇인가요? [✎ ①]

① 신사임당은 그림 실력이 뛰어났다.
② 신사임당은 초충도를 많이 그렸다.
③ 신사임당은 양반집 부인들과 친하게 지냈다.
④ 조선 시대에는 여자들이 자유롭게 돌아다니기 어려웠다.
⑤ 조선 시대에는 치마에 포도송이를 그리는 것이 유행하였다.

14 이순신

① 무과에 합격하다

글을 읽으면서 중요하다고 생각하는 낱말에 색칠해 보세요.

버드나무로 처치를 했으니 시험을 끝까지 보자!

이순신은 28세 때 무관을 뽑는 과거 시험인 무과에 응시하였어요. 그런데 시험을 보던 중에 말에서 떨어져 다리를 다치고 말았어요. 그러자 그는 근처에 있던 버드나무의 껍질을 벗겨 다친 다리를 ^①동여매고 시험을 끝까지 보았어요. 이렇게 최선을 다하였지만 이순신은 무과 시험에서 ^②낙방하였지요. 그래도 이순신은 포기하지 않고 4년 뒤에 다시 무과 시험에 도전하여 합격하였고, 32세의 나이로 관직 생활을 시작하였답니다.

이순신은 부정부패에 휘둘리지 않는 ^③강직한 사람이었어요. ㉠이순신은 관직 생활 중에 상관으로부터 자신의 친지를 승진시키기 위해 도와 달라는 부탁을 받은 적이 있었어요. 이를 거절하면 자신의 위치가 위태로울 수 있음에도 이순신은 그 요구를 받아들이지 않았어요. 이 사건 때문에 이순신은 ^④파직을 당하기도 하였어요.

이순신은 바른 성품과 뛰어난 능력을 바탕으로 빠르게 승진하였어요. 임진왜란이 일어나기 1년 전에는 전라좌도의 수군을 지휘하고 감독하는 전라좌수사로 ^⑤임명되었지요. 그리고 그는 언젠가 일본의 공격이 있을 것에 대비하여 거북선을 만드는 등 수군을 강화시켜 갔어요.

▼
① 동여매다: 끈이나 새끼, 실 따위로 두르거나 감거나 하여 묶다.
② 낙방: 과거 시험에 응시하였다가 떨어짐.
③ 강직하다: 마음이 꼿꼿하고 곧다.
④ 파직: 관직에서 물러나게 함.
⑤ 임명: 일정한 지위나 임무를 남에게 맡김.

② 한산도 앞바다에서 왜적을 물리치다

1592년 4월 일본군이 조선을 침입해 왔어요. 이를 임진왜란이라고 해요. 오랫동안 평화를 누렸던 조선의 육군은 일본군의 기습 공격을 막아 내기 어려웠지요. 이때 바다에서 이순신 장군이 지휘하는 조선 수군이 일본군을 잇달아 무찔렀어요.

이순신과 조선의 함대는 옥포 해전에서의 승리를 시작으로 일본 수군을 ^⑥격파해 나갔어요. 이 중 가장 크게 승리한 전투는 한산도 대첩이에요. 1592년 여름, 일본군이 사천 일대에 출몰한다는 보고를 받은 이순신은 통영과 거제도 사이의 좁고 긴 수로인 견내량에 조선의 판옥선 몇 척을 보냈어요. 이 배들은 일본 수군을 넓은 한산도 앞바다로 끌어내기 위한 ^⑦미끼였지요. 조선의 배들은 후퇴하는 척하며 일본의 배를 ^⑧유인하였어요. 일본 수군이 한산도 앞바다로 나오자, 조선 수군은 판옥선을 빠르게 돌려 학이 날개를 편 듯한 학익진 진형을 갖추고 일본군을 향해 일제히 ^⑨발포하였어요. 그 자리에서 곧바로 방향 전환이 가능하였던 판옥선의 장점을 이용한 공

격이었어요. 거북선은 일본 배들 사이를 돌진하여 ^⑩진영을 흩뜨려 놓는 역할을 하였어요. 급하게 조선군을 뒤쫓던 일본군은 조선군의 반격에 크게 패하였는데, 이 전투가 한산도 대첩이에요.

▼
⑥ 격파: 어떠한 세력이나 함선, 비행기 따위를 공격하여 무찌름.
⑦ 미끼: 사람이나 동물을 꾀어내기 위한 물건이나 수단을 비유적으로 이르는 말
⑧ 유인: 주의나 흥미를 일으켜 꾀어냄.
⑨ 발포: 총이나 포를 쏨.
⑩ 진영: 군대가 진을 치고 있는 곳

중심 낱말 찾기
01 다음에서 공통적으로 설명하는 인물을 이 글에서 찾아 쓰세요.

· 28세에 무과 시험을 보던 중 말에서 떨어져 낙방하였다.
· 32세의 나이로 관직 생활을 시작하였다.
· 전라좌도의 수군절도사로, 거북선을 만드는 등 수군을 강화시켰다.

✏ 이순신

060쪽
061쪽

내용 이해
02 이 글을 읽고 알 수 있는 내용으로 알맞지 않은 것은 무엇인가요? [✏ ①]

① 이순신이 결혼한 나이
② 이순신이 임명된 관직
③ 이순신이 무과 시험에 응시한 나이
④ 이순신이 관직 생활을 시작한 나이
⑤ 이순신이 무과 시험에 불합격한 이유

도움말 | ① 이 글에는 이순신의 결혼과 관련된 내용이 나오지 않아요.

어휘 확인
03 다음 낱말의 뜻을 찾아 선으로 이으세요.

1 임명 ㉠ 관직에서 물러나게 함.
2 파직 ㉡ 마음이 꼿꼿하고 곧다.
3 강직하다 ㉢ 일정한 지위나 임무를 남에게 맡김.

내용 추론
04 ㉠을 통해 이순신의 성격을 짐작한 것으로 알맞은 것은 무엇인가요? [✏ ④]

① 자신만만하다: 매우 자신이 있다.
② 이기적이다: 자기 자신의 이익만을 꾀한다.
③ 정이 많다: 사랑이나 친근감을 느끼는 마음이 많다.
④ 청렴하다: 성품과 행실이 높고 맑으며, 탐욕이 없다.
⑤ 기회주의적이다: 그때그때의 정세에 따라 이로운 쪽으로 행동한다.

도움말 | ㉠은 자신이 손해를 볼 수 있음에도 원칙을 지킨 행동으로, 이순신의 청렴한 성격을 보여 주어요.

중심 낱말 찾기
05 이 글의 내용과 일치하도록 괄호 안의 낱말 중 알맞은 것에 ○표 하세요.

1 임진왜란 초기에 조선의 [수군·(육군)]은 일본군의 공격을 막지 못하였다.
2 이순신이 이끄는 조선 수군이 처음 승리한 전투는 [(옥포 해전)·한산도 대첩]이다.

062쪽
063쪽

내용 이해
06 이 글의 내용과 일치하지 않는 것은 무엇인가요? [✏ ②]

① 1592년에 임진왜란이 일어났다.
② 한산도 대첩에서 거북선은 사용되지 않았다.
③ 옥포 해전에서 조선의 함대는 일본 수군에 승리하였다.
④ 조선의 판옥선은 그 자리에서 곧바로 방향 전환이 가능하였다.
⑤ 조선 수군이 일본 수군에 가장 크게 승리한 전투는 한산도 대첩이다.

도움말 | ② 거북선은 한산도 대첩에서 일본 배들 사이를 돌진하여 진영을 흩뜨려 놓는 역할을 하였어요.

어휘 확인
07 다음 문장의 빈칸에 들어갈 낱말을 보기 에서 찾아 쓰세요.

보기
발포 유인 진영

1 미끼는 물고기를 (유인)하는 데 쓰였다.
2 병사들은 장군의 (발포) 명령에 따라 일제히 총을 쏘았다.
3 며칠 동안 계속된 적들의 공격으로 우리 (진영)에 큰 피해가 발생하였다.

중심 내용 찾기
08 다음 빈칸을 채워 이 글의 내용을 정리해 보세요.

이순신이 이끄는 조선 수군은 [한][산][도] 대첩에서 학이 날개를 편 듯이 진형을 만드는 [학][익][진] 전법을 써서 일본군에 큰 승리를 거두었다.

| 시대 | 조선 시대

15 곽재우

1 홍의장군 곽재우

글을 읽으면서 중요하다고 생각하는 낱말에 색칠해 보세요.

064쪽
065쪽

곽재우는 본래 장군이 아닌 *선비였어요. 그는 과거에 합격하였지만 과거 시험 전체가 취소되는 일이 생겼고, 그 후 고향인 경상북도 의령에서 학문을 연구하며 은거하고 있었지요. 그러던 어느 날 일본군이 부산을 점령하고 *북진하고 있다는 소식을 듣게 되었어요. 임진왜란이 일어난 것이에요. 곽재우는 선조가 한양을 떠나 의주로 피난을 간다는 소식까지 들리자 가만히 있을 수 없다고 생각하였어요. 자신과 뜻을 같이 하는 사람들과 함께 *의병을 일으켜야겠다고 결심한 것이지요. 곽재우는 *사재를 털어 의령에서 의병을 조직하였어요. 처음에는 사람들이 일본군을 두려워해서 의병에 가담하는 것을 *주저하였어요. 하지만 곽재우가 진심 어린 말로 마을 사람들을 설득하였고, 처음에는 십여 명밖에 되지 않았던 의병이 곧 이천여 명으로 늘었어요.

곽재우는 의병을 이끌 때 붉은색 옷을 입었기 때문에 붉을 '홍(紅)'에 옷 '의(衣)' 자를 써서 홍의장군으로 불렸어요. 곽재우가 붉은 색 옷을 입고 왜적들을 상대로 여러 번의 전투에서 승리를 거두자, 일본군은 붉은 색 옷만 봐도 싸움을 포기하고 도망치기 바빠졌답니다.

* 선비: 예전에, 학식은 있으나 벼슬하지 않은 사람을 이르던 말
* 북진: 북쪽으로 진출하거나 진격함.
* 의병: 국가가 외침을 받아 위급할 때 국민이 자발적으로 조직하는 군대
* 사재: 개인이 소유하고 있는 재산
* 주저: 머뭇거리며 망설임.

중심 낱말 찾기

01 다음에서 공통적으로 설명하는 인물을 이 글에서 찾아 쓰세요.

- 경상북도 의령에 은거해 있다가 임진왜란이 일어나자 의병을 조직하였다.
- 붉은색 옷을 입은 장군이라는 뜻의 '홍의장군'으로 불렸다.

✎ 곽재우

내용 이해

02 이 글의 내용과 일치하는 것은 무엇인가요? [✎ ②]

① 곽재우의 고향은 전라북도 익산이다.
② 곽재우는 사재를 털어 의병을 조직하였다.
③ 곽재우가 조직한 의병은 처음에 이천여 명이었다.
④ '홍의장군'은 무지개 색 옷을 입은 장군이란 의미이다.
⑤ 임진왜란 당시 곽재우는 한양을 버리고 의주로 피난하였다.

도움말 | 임진왜란이 일어나자, 곽재우는 사재를 털어 의령에서 의병을 조직하였어요.

어휘 확인

03 다음 낱말의 뜻을 찾아 선으로 이으세요.

1 사재 — ㉠ 머뭇거리며 망설임.
2 의병 — ㉡ 개인이 소유하고 있는 재산
3 주저 — ㉢ 국가가 외침을 받아 위급할 때 국민이 자발적으로 조직하는 군대

중심 내용 찾기

04 다음 빈칸을 채워 이 글의 내용을 정리해 보세요.

임진왜란이 일어나자 곽재우는 의 병 을 일으켰으며, 붉은 색 옷을 입고 싸워서 홍 의 장 군 이라고 불렸다.

2 정암진 전투에서 승리하다

066쪽
067쪽

임진왜란 때 우리나라를 쳐들어온 일본군의 일부는 전라도 방향으로 진격하기 위해 *정찰대를 보냈어요. 하지만 곽재우는 일본군이 전라도 지역으로 진격하기 위해서는 정암진 부근을 지날 것이라고 *예측하고, 병사 몇몇을 *선발하여 일본군 정찰대가 올 것에 대비하였어요.

일본군 정찰대는 정암진 일대가 *늪이기 때문에 *통행이 어렵다는 것을 알아채고, 자신들의 부대가 늪지대를 무사히 통과할 수 있도록 나무 막대를 박아 길을 표시해 두었어요. 이를 안 곽재우는 병사들에게 일본군이 설치해 놓은 나무 막대 표시의 방향을 바꾸어 놓도록 하였지요.

다음날 곽재우는 병사들과 언덕에 숨어 일본군을 기다렸어요. 일본군이 우리 병사들이 바꾸어 놓은 나무 막대 표시를 쫓아가다 늪지대에 빠지자, 곽재우는 병사들에게 총공격을 명령하였어요. 그 결과 일본군은 2천여 명이 사망하였고, 결국 전라도 지역으로 진출하는 것을 포기하게 되었답니다. 이 전투를 정암진 전투라고 해요. 정암진 전투는 50여 명에 불과한 곽재우와 의병이 이루어 낸 성과였답니다.

* 정찰: 작전에 필요한 자료를 얻으려고 적의 정세나 지형을 살피는 일
* 예측: 미리 헤아려 짐작함.
* 선발: 많은 가운데서 골라 뽑음.
* 늪: 땅바닥이 우묵하게 움푹 빠지고 늘 물이 괴어 있는 곳
* 통행: 일정한 장소를 지나다님.

중심 낱말 찾기

05 다음에서 설명하는 전투를 이 글에서 찾아 쓰세요.

일본군이 늪지대를 지날 때 곽재우와 의병이 총공격하여 일본군 2천여 명을 격퇴하였다.

✎ 정암진 전투

내용 이해

06 이 글의 내용과 일치하지 <u>않는</u> 것은 무엇인가요? [✎ ③]

① 곽재우는 일본군 정찰대가 올 것에 대비하였다.
② 일본군은 전라도 방향으로 진격하기 위해 정찰대를 보냈다.
③ 정암진 전투에서 2천여 명의 우리 병사들이 일본군을 격파하였다.
④ 정암진 전투에서 패배한 일본군은 전라도 지역으로의 진출을 포기하였다.
⑤ 일본군은 우리 병사들이 바꾸어 놓은 나무 막대 표시를 쫓아가다 늪지대에 빠졌다.

도움말 | ③ 정암진 전투에서 50여 명에 불과한 우리 병사들이 2천여 명의 일본군을 격퇴하였어요.

어휘 확인

07 다음 문장의 빈칸에 들어갈 낱말을 토기에서 찾아 쓰세요.

보기
선발   정찰   통행

1 공사가 한창이어서 차량의 (통행)이 금지되었다.
2 수지는 다가오는 올림픽의 국가 대표로 (선발)되었다.
3 보고서에는 적의 움직임을 (정찰)한 내용이 쓰여 있었다.

내용 추론

08 곽재우가 이끈 의병이 정암진 전투에서 승리할 수 있었던 까닭을 바르게 말한 어린이는 누구인지 쓰세요.

바다 — 곽재우와 의병이 일본군보다 좋은 무기를 가진 덕분이에요.
지연 — 곽재우와 의병이 직업 군인인 관군보다 많은 훈련을 한 덕분이에요.
훈정 — 곽재우와 의병이 자신들에게 익숙한 지리를 활용한 전법을 쓴 덕분이에요.

도움말 | 곽재우가 이끈 의병은 지리에 익숙하였기 때문에, 늪지대와 언덕을 이용하여 일본군에 승리할 수 있었어요. ✎ 훈정

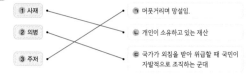

16 권율

1 기지를 발휘하다

글을 읽으면서 중요하다고 생각하는 낱말에 색칠해 보세요.

조선의 장군이었던 권율은 아버지가 돌아가신 후 과거 공부를 시작하였어요. 그리고 46세라는 비교적 늦은 나이에 과거 시험에 합격하여 관직에 진출하였어요.

권율이 관직에 오른 뒤 조선에서는 임진왜란이 일어났어요. 권율도 군사를 ^①지휘하며 일본군과 싸웠지요. 권율은 독산성에 머물면서 수원 부근에 ^②주둔한 일본군을 상대로 ^③유격전을 펼쳤어요. 그러자 일본군은 독산성을 포위하였어요. 엎친 데 덮쳐 독산성에 물이 부족하여 권율의 부대는 어려움을 겪게 되었어요.

일본군은 독산성 안의 어려운 상황을 알고 이들을 공격하려고 하였어요. 그러자 권율 장군은 쌀을 말에게 쏟아 붓게 하였어요. 쌀로 말을 씻기는 ^④시늉을 하여 물이 부족한 상황을 감추려고 한 것이에요. 이를 지켜보던 일본군은 독산성에 물로 말을 씻을 정도로 물이 풍부하다고 생각하여 포위를 풀고 독산성에서 물러났답니다. 권율 장군의 뛰어난 ^⑤전략으로 일본군과의 불리한 전투를 피할 수 있었던 것이지요. 이때부터 권율 장군이 말을 씻긴 곳을 씻을 '세(洗)'에 말 '마(馬)'를 써서 세마대로 부르게 되었답니다.

쌀을 말에게 부어라.

① 지휘: 목적을 효과적으로 이루기 위하여 단체의 행동을 통솔함.
② 주둔: 군대가 임무 수행을 위하여 일정한 곳에 집단적으로 얼마 동안 머무르는 일
③ 유격전: 적의 배후나 측면을 소규모의 유격대가 기습·교란·파괴하는 전투
④ 시늉: 어떤 모양이나 움직임을 흉내 내어 꾸미는 행동
⑤ 전략: 전쟁을 전반적으로 이끌어 가는 방법

중심 낱말 찾기
01 다음에서 설명하는 곳을 이 글에서 찾아 쓰세요.

068쪽 069쪽

이곳은 '말을 씻다.'라는 뜻을 가진 곳으로, 권율 장군이 독산성에서 쌀로 말을 씻기는 시늉을 하도록 하여 일본군을 물리친 이후로 이름이 붙여졌다.

✏ 세마대

내용 이해
02 '세마대'라는 이름의 유래로 알맞은 것은 무엇인가요? [✏ ②]

① 일본군이 독산성을 포위하였다.
② 권율이 쌀로 말을 씻기게 하였다.
③ 독산성에 우물이 있어 물이 풍족하였다.
④ 권율이 40대에 과거 시험에 합격하였다.
⑤ 권율이 일본군을 상대로 유격전을 펼쳤다.

도움말 | 세마대는 권율이 쌀로 말을 씻기는 시늉을 하게 한 장소로, '말을 씻다.'라는 의미가 담겨 있는 이름이에요.

어휘 확인
03 다음 문장의 빈칸에 들어갈 낱말을 **보기**에서 찾아 쓰세요.

보기
| 시늉 | 전략 | 지휘 |

① 내가 화를 내자 동생은 우는 (시늉)을/를 하였다.
② 사건은 담당 검사의 (지휘)(으)로 빠르게 처리되었다.
③ 우리에게는 뛰어난 (전략)와/과 이를 수행할 우수한 병사가 있다.

중심 내용 찾기
04 다음 빈칸을 채워 이 글의 내용을 정리해 보세요.

임진왜란이 일어났을 때 권 율 은 독산성에서 쌀 로 말을 씻기는 전략을 펼쳐 일본군이 스스로 물러나게 하였다.

2 행주 대첩을 승리로 이끌다

권율은 임진왜란 중에 일본군에게 빼앗긴 수도 한양을 되찾고자 하였어요. 그는 한양 ^⑥탈환 작전에 행주산성이 적합하다고 생각하여 3천여 명의 ^⑦병졸들을 이끌고 행주산성으로 이동하였어요. 당시 일본군은 조선군을 도와주기로 한 명군을 벽제관에서 물리치고, 행주산성에 있는 조선군을 공격하기 위한 준비를 하였어요.

행주산성으로 이동한 권율은 ^⑧목책을 수리하고 화약 무기를 정비하여 전쟁에 대비하였어요. 일본군은 3만여 명의 병력을 일곱 개의 부대로 나누어 행주산성을 공격하였어요. 권율의 지휘 아래 조선군은 목책을 넘으려는 일본군에게 활을 쏘아 올라오지 못하게 하였어요. 또한 조선군은 화약 무기도 총동원하였는데, 특히 신기전, 총통기 등의 ^⑨화차는 멀리서 몰려오는 일본군에게 큰 피해를 주었지요. 조선군의 공격으로 일본군의 총사령관이 부상을 입자 일본군은 후퇴하기 시작하였어요. 멀리서 조선의 지원군이 도착한다는 소식까지 들리자 일본군은 행주산성에서 완전히 ^⑩퇴각하였지요. 이 전투를 행주 대첩이라고 해요. 마침내 일본군은 경상도 바닷가 지역으로 후퇴하였고, 조선은 수도 한양을 되찾게 되었답니다.

신기전

⑥ 탈환: 빼앗겼던 것을 도로 빼앗아 찾음.
⑦ 병졸: 예전에, 군인이나 군대를 이르던 말
⑧ 목책: 말뚝 따위를 죽 잇따라 박아 만든 울타리
⑨ 화차: 전쟁 때에, 불로 적을 공격하는 데 쓰던 수레
⑩ 퇴각: 뒤로 물러감.

중심 낱말 찾기
05 다음 ㉠, ㉡에 들어갈 낱말을 이 글에서 찾아 각각 쓰세요.

070쪽 071쪽

권율은 일본군에게 빼앗긴 수도 (㉠)을 되찾기 위해 병졸들을 이끌고 (㉡)으로 이동하였다.

㉠: 한양 ㉡: 행주산성

내용 이해
06 이 글의 내용과 일치하지 않는 것은 무엇인가요? [✏ ④]

① 명군은 벽제관에서 일본군에게 패하였다.
② 조선군은 화차를 이용해 일본군을 공격하였다.
③ 행주 대첩에서 일본군의 총사령관이 부상을 입었다.
④ 일본군은 부대를 세 개로 나누어 행주산성을 공격하였다.
⑤ 권율은 일본군의 침입에 대비하여 행주산성을 정비하였다.

도움말 | ④ 일본군은 부대를 일곱 개로 나누어 행주산성을 공격하였어요.

어휘 확인
07 다음 낱말의 뜻을 찾아 선으로 이으세요.

1 목책 —————— ㉠ 뒤로 물러감.
2 탈환 —————— ㉡ 빼앗겼던 것을 도로 빼앗아 찾음.
3 퇴각 —————— ㉢ 말뚝 따위를 죽 잇따라 박아 만든 울타리

내용 추론
08 이 글을 읽고 행주 대첩의 의의를 바르게 말한 어린이는 누구인지 쓰세요.

세진 | 수도 한양을 되찾는 계기가 되었어요.
원일 | 임진왜란에서 일어난 마지막 전투였어요.
향기 | 외교적 협상으로 승리를 거둔 전투였어요.

도움말 | 행주 대첩은 조선이 수도 한양을 되찾는 ✏ 세진
계기가 된 전투라는 점에서 의의가 있어요.

17 허난설헌

1 뛰어난 글쓰기 능력을 보이다

글을 읽으면서 중요하다고 생각하는 낱말에 색칠해 보세요.

㉮ 허난설헌의 ❶본명은 허초희예요. 후에 난설헌이라는 ❷호를 사용하여 허난설헌이라고 불리게 되었지요. 1563년 강원도 강릉에서 태어난 허난설헌은 어릴 때부터 기억력이 좋고 막힘없이 글을 잘 써서 여자 ❸신동이라고 불렸어요. 그래서 허난설헌의 아버지는 딸에게 직접 글을 가르쳤고, 허난설헌의 오빠인 허봉은 당대의 유명한 시인이었던 이달을 자신의 동생인 허난설헌과 허균의 선생님으로 모셨어요. 가족들의 노력에 힘입어 허난설헌은 글을 배우고 자신의 재능을 펼치면서 어린 시절을 보냈답니다.

㉯ 허난설헌이 8세에 쓴 「광한전 백옥루 상량문」이라는 글은 그녀의 뛰어난 글쓰기 능력을 보여 주어요. 상량문은 집을 지을 때 건물이 잘 지어지기를 바라며 쓰는 글이에요. 허난설헌은 ❹신선 세계에 있는 상상의 궁궐인 광한전 백옥루를 짓는 데 수십 명의 신선들과 자신이 초대되었다고 ❺가상하였어요. 그런데 상량문을 쓸 작가가 없자 자신이 그 글을 작성한 것이에요. 「광한전 백옥루 상량문」을 읽어 본 어른들은 허난설헌의 글쓰기 실력이 너무 뛰어나 다들 놀랐답니다.

❶ 본명: 가명이나 별명이 아닌 본디 이름
❷ 호: 본명 이외에 쓰는 이름으로, 허물없이 쓰기 위하여 지은 이름임.
❸ 신동: 재주와 슬기가 남달리 특출한 아이
❹ 신선: 도(道)를 닦아서 현실의 인간 세계를 떠나 자연과 벗하며 산다는 상상의 사람
❺ 가상하다: 사실이 아니거나 사실 여부가 분명하지 않은 것을 사실이라고 가정하여 생각하다.

중심 낱말 찾기

01 각 문단의 중심 낱말을 찾아 쓰세요.

㉮ 문단: 여자 신 동 이라고 불린 허난설헌
㉯ 분단: 허난설헌의 뛰어난 글 쓰 기 능력

내용 이해

02 이 글의 내용과 일치하면 ◯, 일치하지 않으면 ✕에 표시하세요.

① 허난설헌의 호는 초희이다. [◯ / ⓧ] → 초희는 이름이에요.
② 허난설헌은 글쓰기 능력이 뛰어났다. [◎ / ✕]
③ 허봉은 이달을 허난설헌과 허균의 선생님으로 모셨다. [◎ / ✕]
④ 허난설헌의 아버지는 딸에게는 공부가 필요 없다고 생각하였다. [◯ / ⓧ]
→ 허난설헌의 아버지는 딸에게 직접 글을 가르쳤어요.

어휘 확인

03 다음 낱말의 뜻을 찾아 선으로 이으세요.

① 본명 ● — ㉠ 가명이나 별명이 아닌 본디 이름
② 신동 ● — ㉡ 재주와 슬기가 남달리 특출한 아이
③ 신선 ● — ㉢ 도(道)를 닦아서 현실의 인간 세계를 떠나 자연과 벗하며 산다는 상상의 사람

내용 추론

04 ㉯ 문단을 읽고 허난설헌에 대해 다음과 같이 평가할 때, 빈칸에 들어갈 알맞은 말은 무엇인가요? [✎ ③]

허난설헌은 ( )이 뛰어난 사람이었다.

① 관찰력   ② 비판력   ③ 상상력
④ 순발력   ⑤ 추리력

도움말 | 허난설헌은 광한전 백옥루를 짓는 데 자신이 초대되었다고 상상하여 상량문을 썼어요.

---

2 조선을 대표하는 문인이 되다

허난설헌은 15세 때 안동 김씨 집안의 김성립과 결혼을 하였어요. 남편의 집은 엄격한 ❻사대부 집안이어서 허난설헌은 예전처럼 자유롭게 글을 쓰며 지내기 어려웠어요. 그래도 허난설헌은 책과 글을 가까이하며 많은 문학 작품을 남겼답니다.

허난설헌은 결혼 후에 여러 어려움을 겪었어요. 남편은 허난설헌의 능력을 질투하여 그녀를 미워하고 밖으로만 돌아다녔어요. 게다가 허난설헌은 자신의 어린 딸과 아들을 연이어 잃고 말았어요. 허난설헌은 자식을 떠나보낸 슬픈 마음을 「곡자」라는 시로 남겼어요. 「곡자」에는 '지난해에는 사랑하는 딸을 잃고, 올해에는 사랑하는 아들까지 잃었소. 슬프디슬픈 광릉 땅에 두 무덤이 나란히 마주 보고 서 있구나.'라는 내용이 담겨 있어요.

건강이 악화된 허난설헌은 27세의 나이로 세상을 떠나고 말았어요. 그녀의 동생 허균은 허난설헌의 시를 모아 「난설헌집」이라는 시집을 펴냈어요. 허난설헌의 시에 ❼감명받은 명나라 사신을 통해 중국에서도 「난설헌집」이 ❽간행되었지요. 이 시집은 일본에서도 ❾출간되면서 일본의 여성 시인들에게 많은 영향을 끼쳤답니다. 점차 허난설헌은 조선을 대표하는 ❿문인으로 널리 알려지게 되었어요.

❻ 사대부: 고려, 조선 시대에 관리 등을 지낸 지배 계층
❼ 감명: 감격하여 마음에 깊이 새김.
❽ 간행: 책 따위를 인쇄하여 발행함.
❾ 출간: 서적이나 회화 따위를 인쇄하여 세상에 내놓음.
❿ 문인: 글과 글씨를 쓰는 일에 종사하는 사람

중심 낱말 찾기

05 다음에서 설명하는 시집을 이 글에서 찾아 쓰세요.

허난설헌이 세상을 떠난 뒤에 허균이 허난설헌의 시를 모아 펴낸 시집으로, 명나라 사신을 통해 중국에서도 간행되었다.

✎ 『난설헌집』

내용 이해

06 이 글의 내용과 일치하지 않는 것은 무엇인가요? [✎ ③]

① 허균은 허난설헌의 동생이다.
② 허난설헌은 「곡자」라는 시를 썼다.
③ 허난설헌은 결혼 후 작품을 남기지 못하였다.
④ 명나라의 사신은 허난설헌의 시에 감명받았다.
⑤ 허난설헌은 안동 김씨 집안의 김성립과 결혼하였다.

도움말 | ③ 첫 번째 문단에 허난설헌이 결혼 후에도 많은 문학 작품을 남긴 사실이 나타나 있어요.

어휘 확인

07 다음 밑줄 친 낱말과 바꾸어 쓸 수 있는 낱말은 무엇인가요? [✎ ⑤]

김 작가의 새로운 작품은 출판되자마자 큰 인기를 끌었다. 이에 힘입어 그의 작품은 해외에서도 번역되어 출판되었고, 높은 판매량을 보이고 있다.

① 개척   ② 단판   ③ 단행   ④ 보급   ⑤ 출간

도움말 | '출판'은 서적이나 회화를 인쇄하여 세상에 내놓는 것을 말해요.

중심 내용 찾기

08 다음 빈칸을 채워 이 글의 내용을 정리해 보세요.

허 난 설 헌 은 결혼한 이후 어려운 생활 속에서도 책과 글을 가까이하며 많은 문학 작품을 남겨 조선을 대표하는 문 인 으로 널리 알려지게 되었다.

18 이황

1 끊임없이 성리학을 연구하다

글을 읽으면서 중요하다고 생각하는 낱말에 색칠해 보세요.

이황은 1501년에 태어났어요. 그는 태어난 지 1년도 되지 않아 아버지를 잃고, 어머니의 교육을 받으며 자랐어요. 12세 때부터는 작은아버지 이우로부터 [●]성리학을 배웠어요. 그런데 얼마 지나지 않아 작은아버지마저 세상을 떠나고 말았지요. 이에 이황은 [●]독학으로 성리학을 연구하며 스스로 많은 깨달음을 얻었답니다.

이황은 서른 살이 넘은 나이에 과거 시험에 합격하여 벼슬길에 올랐어요. 이후 여러 관직을 거쳐 성균관 대사성에 이르렀지요. 성균관 대사성은 성균관에서 학생들을 가르치고 길러 내는 책임자였답니다.

조선이 정치적으로 혼란해지자, 이황은 벼슬에서 물러나 고향에 은거하면서 제자를 기르기로 하였어요. 이황의 [●]문명이 드높았기 때문에 이후에도 여러 차례 조정에서 벼슬을 주려고 하였으나, 그는 벼슬길을 거부하였어요. 조정의 끈질긴 요청을 이기지 못해 벼슬에 나아간 경우도 있었지만 곧 [●]사직하여 고향으로 돌아갔답니다. 고향에서 이황은 꾸준히 학문을 [●]연마하고 제자들을 가르쳤어요.

● 성리학: 중국 송나라 때 주희가 집대성한 유학의 한 파
● 독학: 스승이 없이, 또는 학교에 다니지 아니하고 혼자서 공부함.
● 문명: 글을 잘하여 세상에 알려진 이름
● 사직: 맡은 직무를 내놓고 물러남.
● 연마: 학문이나 기술 따위를 힘써 배우고 닦음.

중심 낱말 찾기

01 다음 밑줄 친 '이 학문'을 이 글에서 찾아 쓰세요.

이황은 12세 때부터 작은아버지 이우로부터 이 학문을 배웠고, 작은아버지가 세상을 떠난 뒤에는 독학으로 이 학문을 연구하였다.

✎ 성리학

내용 이해

02 이 글을 읽고 알 수 있는 내용으로 알맞은 것은 무엇인가요? [✎④]

① 이황의 아버지 이름
② 이황의 작은아버지가 죽은 해
③ 이황이 처음 받은 관직의 이름
④ 이황이 고향에 돌아간 뒤의 행보
⑤ 이황이 공부하며 얻은 깨달음의 내용

도움말 | 이 글을 읽고 이황이 고향으로 돌아가 학문을 연마하고 제자를 길렀음을 알 수 있어요.

어휘 확인

03 다음 문장의 빈칸에 들어갈 낱말을 보기에서 찾아 쓰세요.

보기
독학   사직   연마

❶ 승연이는 (독학)(으)로 대학에 입학하였다.
❷ 기술자들은 새로운 기술을 (연마)하기 위해 노력하였다.
❸ 경수는 회사를 (사직)한 지 1년 만에 새로운 일자리를 구하였다.

중심 내용 찾기

04 다음 빈칸을 채워 이 글의 내용을 정리해 보세요.

이황은 어렸을 때부터 성리학을 연구하며 많은 깨달음을 얻었다. 벼슬길에 오른 그는 여러 관직을 거쳐 성균관 대사성을 맡아 학생들을 가르쳤으며, 벼슬에서 물러난 뒤에는 고향에서 학문을 연마하고 제자들을 가르쳤다.

076쪽 077쪽

2 조선의 성리학 발전에 힘쓰다

이황은 조선의 성리학 발전에 큰 [●]기여를 하였어요. 그는 많은 학생이 성리학을 공부하고 깨우쳐야 나라가 발전할 수 있다고 생각하여 백운동 서원을 사액 서원으로 만들어 달라고 중종에게 [●]청하였어요. 사액 서원이란 국왕으로부터 서적, 토지, 노비 등을 하사받아 학생들이 국가의 지원 속에서 공부할 수 있도록 만든 서원이에요. 중종은 백운동 서원을 사액 서원으로 정하여 소수 서원이라고 하고, 학생들이 학업에 집중할 수 있도록 [●]배려하였어요. 이후 고향으로 돌아온 이황은 도산 서당에서 학생들을 가르치고 학문을 연구하였답니다.

이황은 국왕의 성리학 학습에도 힘을 기울였어요. 선조가 즉위하였을 때 이황은 선조가 [●]성군이 되어 나라를 다스렸으면 좋겠다고 생각하였어요. 그래서 성군이 될 수 있는 요령을 도표로 그린 『성학십도』를 지어 선조에게 올렸지요. 『성학십도』에는 10개의 도표와 해설로 선조가 성리학을 쉽게 깨우칠 수 있도록 배려하였어요.

이황이 연구한 성리학은 일본에도 영향을 주었어요. 임진왜란이 일어났을 때 일본이 조선에서 많은 성리학 서적을 약탈해 갔는데, 이때 이황의 [●]저서와 작품 등이 일본에 건너가 일본의 성리학 발전에도 기여하였답니다.

● 기여: 도움이 되도록 이바지함.
● 청하다: 어떤 일을 이루기 위하여 남에게 부탁을 하다.
● 배려: 도와주거나 보살펴 주려고 마음을 씀.
● 성군: 어질고 덕이 뛰어난 임금
● 저서: 책을 지음. 또는 그 책

중심 낱말 찾기

05 다음에서 설명하는 책을 이 글에서 찾아 쓰세요.

이황이 성군이 될 수 있는 요령을 도표로 그려 선조에게 올린 책으로, 10개의 도표와 해설로 선조가 성리학을 쉽게 깨우칠 수 있도록 한 책이다.

✎ 『성학십도』

내용 이해

06 이 글의 내용과 일치하는 것은 무엇인가요? [✎③]

① 이황은 일본의 성리학으로부터 영향을 받았다.
② 사액 서원이란 국왕이 공부하는 서원을 말한다.
③ 중종 때 백운동 서원이 사액 서원으로 정해졌다.
④ 이황은 고향의 소수 서원에서 학생들을 가르쳤다.
⑤ 이황은 선조에게 도산 서당을 사액 서원으로 만들어 달라고 청하였다.

도움말 | 이황이 중종에게 백운동 서원을 사액 서원으로 만들어 달라고 청하여 백운동 서원이 사액 서원이 되었어요.

어휘 확인

07 다음 낱말의 뜻을 찾아 선으로 이으세요.

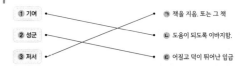

1 기여 — ㉠ 책을 지음. 또는 그 책
2 성군 — ㉡ 도움이 되도록 이바지함.
3 저서 — ㉢ 어질고 덕이 뛰어난 임금

내용 추론

08 이 글을 읽고 더 알고 싶은 내용을 알맞게 말한 어린이는 누구인지 쓰세요.

나희 이황이 『성학십도』를 저술한 이유가 무엇인지 알고 싶어.
봉수 백운동 서원이 사액 서원으로 정해지면서 바뀐 이름이 궁금해.
원철 일본의 성리학 발전에 기여한 이황의 서적에는 어떤 것들이 있는지 알고 싶어.

도움말 | 나희와 봉수가 말한 내용은 이 글에 쓰여 있어요. ✎ 원철

078쪽 079쪽

19 이이

1 구도 장원공, 이이

글을 읽으면서 중요하다고 생각하는 낱말에 색칠해 보세요.

이이는 신사임당의 아들이에요. 신사임당은 이이가 태어난 방을 몽룡실이라고 불렀는데, 이는 검은 용이 바다에서 솟아올라 방으로 들어왔다는 ⁰태몽에서 비롯된 이름이에요. 이이는 어린 시절을 ⁰외가에서 보냈는데, 아주 영특하였어요.

이이는 13살이라는 어린 나이에 과거 시험의 첫 단계인 소과에 도전하였어요. 그런데 이 시험에서 최고 성적을 거두어 장원을 차지하였지요. 이후에도 이이는 ⁰자만에 빠지지 않고 꾸준히 공부하였어요.

이이는 23세 때 이황을 만나기도 하였어요. 이이는 이황보다 25살이나 어렸지만 두 사람은 학문에 대해 이야기하고 토론하였어요. 이후에도 두 사람은 ⁰서신을 교환하며 나이를 ⁰초월한 만남을 이어 갔답니다.

이이는 소과에 합격한 이후 29세 때 대과에 합격하기까지 총 9번의 과거 시험에서 장원을 차지하였어요. 그래서 사람들은 이이를 '9번이나 장원한 분'이라는 뜻으로 '구도 장원공'이라고 불렀어요. 비로소 관직에 진출한 이이는 나라와 백성을 위한 관리가 되려고 노력하였답니다.

9번이나 장원 급제를 하였대요.

❶ 태몽: 아이를 밸 것이라고 알려 주는 꿈
❷ 외가: 어머니의 친정
❸ 자만: 자신이나 자신과 관련 있는 것을 스스로 자랑하며 뽐냄.
❹ 서신: 안부, 소식, 용무 따위를 적어 보내는 글
❺ 초월: 어떠한 한계나 표준을 뛰어넘음.

중심 낱말 찾기

01 다음에서 설명하는 인물을 이 글에서 찾아 쓰세요.

이이의 어머니로, 이이가 태어난 방을 몽룡실이라고 불렀다.

✏ 신사임당

내용 이해

02 이이가 '구도 장원공'이라고 불린 까닭으로 알맞은 것은 무엇인가요? [✏ ④]

① 신사임당의 아들이기 때문에
② 이황과의 토론을 즐겼기 때문에
③ 어린 나이에 소과에 합격하였기 때문에
④ 9번의 과거 시험에서 장원을 차지하였기 때문에
⑤ 9번의 과거 시험을 통해 관직에 진출하였기 때문에

도움말 | '구도 장원공'은 '9번이나 장원한 분'이라는 뜻으로, 이이가 9번의 과거 시험에서 장원을 차지하였기 때문에 불린 호칭이에요.

어휘 확인

03 다음 밑줄 친 낱말과 바꾸어 쓸 수 있는 낱말은 무엇인가요? [✏ ②]

수연이가 이사를 간 후 1년 동안 우리는 꽤 자주 편지를 주고받았다. 그런데 최근 2개월 동안 수연이에게서 편지가 오지 않아서 수연이에게 무슨 일이 생긴 것은 아닌지 걱정이 되었다.

① 서류   ② 서신   ③ 저서   ④ 태몽   ⑤ 토론

도움말 | '편지'는 안부, 소식, 용무 따위를 적어 보내는 글로 '서신'과 같은 뜻을 가지고 있어요.

중심 내용 찾기

04 다음 빈칸을 채워 이 글의 내용을 정리해 보세요.

어린 시절부터 영특하였던 이 이 는 소과에 합격한 이후 대과에 합격하기까지 총 9번의 과거 시험에서 모두 장 원 을 차지하여 당시 사람들에게 '구도 장원공'이라고 불렸다.

2 대공수미법을 제안하다

이이는 유학이 백성들의 삶을 좋게 만드는 데 쓰여야 한다고 생각하였어요. 그는 선조에게 『동호문답』을 지어 올리고, 상소문도 올려 백성들이 고통받는 문제를 해결하고자 하였어요. 또한 성리학의 핵심 내용을 ⁰요약해서 『성학집요』라는 책을 임금에게 지어 바쳐 임금이 나라를 바르게 이끌어 가기를 바랐답니다.

이이는 조세 제도를 개혁하기 위한 의견도 제안하였어요. 조선의 농민들은 공납이라는 세금을 ⁰납부해야 하였어요. 공납은 지역 특산물을 세금으로 내는 제도였는데요. 이것이 힘든 농민들은 ⁰아전이나 상인에게 공납을 대신 납부해 달라고 하였지요. 이 과정에서 아전과

나에게 공납으로 낼 사과가 있소.

방납, 폐단

너무 비싸잖아요.

상인들이 농민들로부터 많은 이자를 받았는데, 이것을 방납이라고 해요. 조선 시대에 많은 농민이 방납의 ⁰폐단으로 고통을 받았답니다.

이이는 방납의 폐단을 ⁰시정해서 농민들의 생활을 안정시키고자 하였어요. 그는 다른 관리들과 함께 지역마다 다양하게 걷던 공납을 쌀 등으로 통일해서 걷도록 하는 대공수미법을 건의하였어요. 대공수미법은 당시에는 실현되지 못하였으나, 이후에 대동법이라는 이름으로 시행되었답니다.

❻ 요약: 말이나 글의 요점을 잡아서 간추림.
❼ 납부: 세금이나 공과금 따위를 관계 기관에 냄.
❽ 아전: 조선 시대 중앙과 지방의 각 관청에 근무하던 하급 관리
❾ 폐단: 어떤 일이나 행동에서 나타나는 옳지 못한 경향이나 해로운 현상
❿ 시정: 잘못된 것을 바로잡음.

중심 낱말 찾기

05 다음 밑줄 친 '이것'은 무엇인지 이 글에서 찾아 쓰세요.

이것은 조선 시대에 아전이나 상인들이 공납을 납부하기 힘든 농민들을 대신해 납부해 주고 농민들로부터 많은 이자를 받은 일을 말한다. 조선 시대에 많은 농민이 이것의 폐단으로 고통받았다.

✏ 방납

내용 이해

06 이 글의 내용과 일치하면 ○, 일치하지 않으면 ×에 표시하세요.

① 대공수미법은 이이가 건의한 때에 바로 시행되었다. [○ / ⊗]
② 조선 시대에 방납의 폐단으로 많은 농민이 고통받았다. [Ⓞ / ×]
③ 대공수미법은 공납을 각 지역의 특산물로 내도록 한 제도이다. [○ / ⊗]
④ 이이는 성리학의 핵심 내용을 요약해서 『성학집요』라는 책을 썼다. [Ⓞ / ×]

도움말 | 대공수미법은 공납을 쌀 등으로 통일해서 내게 하는 제도로, 이이가 건의한 때에 바로 시행되지 못하였어요.

어휘 확인

07 다음 낱말의 뜻을 찾아 선으로 이으세요.

1 납부 •   • ㉠ 말이나 글의 요점을 잡아서 간추림.

2 시정 •   • ㉡ 제도나 기구 따위를 새롭게 뜯어고침.

3 요약 •   • ㉢ 세금이나 공과금 따위를 관계 기관에 냄.

내용 추론

08 이 글에 다른 제목을 붙일 때 가장 알맞은 것은 무엇인가요? [✏ ⑤]

① 출세에 힘쓴 이이
② 공납의 폐지를 주장한 이이
③ 오죽헌에서 태어난 신동 이이
④ 방납의 활성화를 주장한 이이
⑤ 백성들을 위한 정치를 펼친 이이

도움말 | 이 글에는 이이가 백성들을 위해 개혁안을 제안한 내용이 담겨 있어요.

20 광해군

1 분조를 이끌다

글을 읽으면서 중요하다고 생각하는 낱말에 색칠해 보세요.

1592년 임진왜란이 일어나자, 조선을 다스리던 선조는 피난을 갔어요. 그리고 일본군에게 혼란을 주기 위해 본조정과 별도로 임시 조정을 설치하여 분조를 만들기로 결정하였어요.

당시 조선에는 세자가 없었어요. 선조가 왕비인 의인 왕후 아들을 낳으면 세자로 책봉하려고 세자 책봉을 미루었기 때문이에요. 그런데 전쟁 중에 임금이 잘못될 경우를 대비하여 세자를 책봉하여야 한다는 여론이 일어났어요. 결국 선조는 후궁의 아들 광해군을 세자로 책봉하고, 광해군이 분조를 이끌게 하였답니다.

광해군은 분조를 이끌고 함경도, 전라도 등지에서 ¹군량미와 의병을 모집하였어요. 의병에게 격문을 보내 ²항전을 ³독려하고, 군공을 세운 이들에게 상을 내리기도 하였지요. 광해군 자신도 ⁴전장의 한복판에서 병사들과 함께 활약하였어요. 백성들은 ⁵분전하는 광해군의 소식을 듣고 힘을 얻었고, 군사들의 사기도 높아졌어요. 광해군의 분조 활동이 토대가 되어서 조선은 임진왜란을 극복할 수 있었답니다.

나라의 존속과 절망이 오직 제군이 적을 죽이는 데 달렸으니 나라를 살리고 백성을 구하라.

① **군량미**: 군대의 양식으로 쓰는 쌀
② **항전**: 적에 대항하여 싸움.
③ **독려**: 감독하며 격려함.
④ **전장**: 싸움을 치르는 장소
⑤ **분전**: 있는 힘을 다하여 싸움.

084쪽 085쪽

중심 낱말 찾기

01 다음에서 공통으로 설명하는 인물을 이 글에서 찾아 쓰세요.

• 선조의 후궁이 낳은 아들이다.
• 임진왜란 중에 조선의 세자로 책봉되어 분조를 이끌었다.

✎ 광해군

내용 이해

02 이 글의 내용과 일치하는 것은 무엇인가요? [✎ ②]

① 임진왜란은 1492년에 일어났다.
② 광해군은 임진왜란 때 분조를 이끌었다.
③ 백성들은 광해군의 분조 활동을 거부하였다.
④ 광해군은 분조를 이끌다 일본군에게 포로가 되었다.
⑤ 임진왜란 전에 선조는 광해군을 세자로 책봉하였다.

도움말 | 광해군은 임진왜란 때 분조를 이끌고, 전장의 한복판에서 병사들과 함께 활약하였어요.

어휘 확인

03 다음 문장의 빈칸에 들어갈 낱말을 보기에서 찾아 쓰세요.

보기
독려   분전   전장

① 그는 (전장)에서 부상을 입었다.
② 나는 어머니의 (독려) 덕분에 공부를 열심히 할 수 있었다.
③ 우리나라는 선수들의 (분전)에 힘입어 올림픽에서 우수한 성적을 거두었다.

중심 내용 찾기

04 다음 빈칸을 채워 이 글의 내용을 정리해 보세요.

광해군은 세자로 책봉된 뒤에 선조의 명령에 따라 **분 조** 를 이끌고 일본군에 항전하여 조선이 **임 진 왜 란** 을 극복하는 토대를 마련하였다.

---

2 평화를 지키기 위한 외교

임진왜란 이후 북쪽의 정세가 변화하였어요. 명나라는 ⁶국력이 약해졌고, 여진족이 성장하여 후금을 세우고 영토를 확장해 갔어요. 명나라는 후금과 전쟁을 하기 위해 조선에 군사를 보내 달라고 요청하였어요. 임진왜란 때 자신들이 조선을 도와주었으니, 조선도 명나라의 후금 공격을 도와야 한다고 조선을 ⁷압박하였지요.

조선의 많은 신하가 명나라에 지원병을 보내야 한다고 말하였어요. 하지만 후금을 ⁸자극하면 후금이 조선을 침입할 수 있었기 때문에 광해군은 고민에 빠졌지요. 명나라는 조선을 도와주었지만 ⁹쇠약해지고 있었고, 후금은 오랑캐지만 강해지고 있었기 때문이에요.

마침내 광해군은 결단을 내렸어요. 그는 강홍립 장군에게 군대를 이끌고 후금을 공격하라고 하였어요. 하지만 강홍립에게는 후금을 적극적으로 공격하지 말고 때를 봐서 투항하라는 비밀 명령을 내렸지요. 강홍립은 명군과 함께 후금을 공격하였다가, 후금이 우세하자 후금에 항복하였어요. 이렇게 광해군이 명나라와 후금 사이에서 ¹⁰중립 외교 정책을 펼쳤기 때문에 조선은 전쟁을 피하고 평화를 유지할 수 있었답니다.

상황을 봐서 잘 결정하시오.

⑥ **국력**: 한 나라가 지닌 정치, 경제, 문화, 군사 따위의 모든 방면에서의 힘
⑦ **압박**: 기운을 못 펴게 세력으로 내리누름.
⑧ **자극**: 어떠한 작용을 주어 감각이나 마음에 반응이 일어나게 함.
⑨ **쇠약**: 힘이 쇠하고 약함.
⑩ **중립**: 어느 편에도 치우치지 않고 중간적인 입장에 섬. 또는 그런 입장

086쪽 087쪽

중심 낱말 찾기

05 다음 빈칸에 들어갈 낱말을 이 글에서 찾아 쓰세요.

광해군은 조선이 전쟁을 피하고 평화를 유지할 수 있도록 하기 위해 명나라와 후금 사이에서 ( ) 외교 정책을 펼쳤다.

✎ 중립

내용 이해

06 이 글의 내용과 일치하면 ○, 일치하지 않으면 ×에 표시하세요.

임진왜란 이후 후금이 강해지고 명나라가 약해졌어요.

① 임진왜란 이후 명나라는 강해지고 후금은 쇠약해졌다. [○ / ⓧ]
② 광해군은 강홍립에게 후금을 공격하되, 때를 봐서 투항하라고 하였다. [◎ / ×]
③ 조선의 많은 신하는 조선이 명나라에 지원병을 보내야 한다고 말하였다. [◎ / ×]

어휘 확인

07 다음 낱말의 뜻을 찾아 선으로 이으세요.

① 쇠약 ——— ㉠ 힘이 쇠하고 약함.

② 압박 ——— ㉡ 기운을 못 펴게 세력으로 내리누름.

③ 중립 ——— ㉢ 어느 편에도 치우치지 않고 중간적인 입장에 섬. 또는 그런 입장.

내용 추론

08 이 글에 나타난 광해군의 외교 정책을 바르게 평가한 어린이는 누구인지 쓰세요.

대현   실리적인 외교 정책이었어요.

명미   중국에 대한 도리를 지키는 외교 정책이었어요.

혜민   여진족에 굴복하는 굴욕적인 외교 정책이었어요.

도움말 | 광해군의 중립 외교는 전쟁을 피하기 위한 것으로, 나라와 백성의 이익을 먼저 생각하는 실리적인 외교 정책이었어요.

✎ 대현

01 태조 왕건이 평양을 서경으로 삼아 중시한 까닭으로 알맞은 것은 무엇인가요? [✏ ③]

① 궁예를 내쫓기 위해서
② 불교를 국교로 삼기 위해서
③ 고구려 옛 땅을 되찾기 위해서
④ 사람들의 사상적 통합을 위해서
⑤ 목화를 대량으로 재배하기 위해서

도움말 | 고려를 세운 태조 왕건은 옛 고구려 땅을 되찾기 위해서 평양을 서경으로 삼아 중시하였어요.

02 광종의 업적으로 알맞지 <u>않은</u> 것은 무엇인가요?
[✏ ②]

① 과거제를 시행하였다.
② 후삼국을 통일하였다.
③ 노비안검법을 실시하였다.
④ 광덕이라는 연호를 사용하였다.
⑤ 관리들의 옷 색깔을 구분하여 입게 하였다.

도움말 | ②는 왕건의 업적이에요.

03 강감찬이 거란군을 물리친 전투는 무엇인가요?
[✏ ①]

① 귀주 대첩   ② 살수 대첩
③ 진포 대첩   ④ 한산도 대첩

도움말 | 강감찬은 압록강 근처 귀주에서 후퇴하는 거란군을 크게 물리쳤는데, 이를 귀주 대첩이라고 해요.

04 다음에서 설명하는 인물은 누구인가요?
[✏ ④]

• 우리나라 최초로 화약을 개발하였다.
• 왕과 신하들을 설득하여 화통도감을 만드는 데 기여하였다.

① 이순신   ② 장보고
③ 정도전   ④ 최무선

도움말 | 최무선은 우리나라 최초로 화약을 개발하는 데 성공한 후 화약과 화약 무기 제조를 담당하는 화통도감의 설치를 건의하였어요.

05 다음과 같은 상황이 고려에 미친 영향으로 알맞은 것은 무엇인가요? [✏ ④]

문익점과 정천익의 노력으로 고려에서도 목화를 대량으로 재배하고, 이를 가지고 무명을 짜게 되었다.

① 4군과 6진을 개척하게 되었다.
② 물시계로 시간을 측정하게 되었다.
③ 화약 무기를 만드는 기관이 세워졌다.
④ 일반 백성들이 솜옷을 입을 수 있었다.
⑤ 관리들의 옷 색깔을 구분하기 시작하였다.

도움말 | 조선에서 목화를 대량으로 재배하고 무명을 짜게 되면서 일반 백성들이 솜옷을 입어 겨울을 따뜻하게 보내게 되었어요.

06 정몽주의 주장으로 알맞은 것은 무엇인가요?
[✏ ⑤]

① 역성혁명을 일으켜야 한다.
② 새로운 왕조를 세워야 한다.
③ 신하들의 사병을 혁파해야 한다.
④ 한양을 조선의 수도로 삼아야 한다.
⑤ 고려 왕조를 유지하며 개혁을 해야 한다.

도움말 | 정몽주는 고려 왕조를 유지하며 개혁을 해야 한다고 주장하여 새로운 왕조를 세우려는 이성계 일파와 대립하였어요.

07 다음 보기 는 이성계의 활동을 정리한 것이에요. 이를 일어난 순서대로 기호를 쓰세요.

보기
㉠ 위화도에서 회군하였다.
㉡ 조선의 왕으로 추대되었다.
㉢ 군인들을 이끌고 개경에서 홍건적을 물리쳤다.
㉣ 왕의 요동 정벌 명령에 따라 군대를 이끌고 북쪽으로 진군하였다.

✏ ㉢ ▶ ㉣ ▶ ㉠ ▶ ㉡

도움말 | 홍건적을 물리치며 명성을 얻은 이성계가 요동 정벌에 나섰다가 위화도에서 회군하여 우왕과 창왕을 잇달아 폐하고 조선의 왕으로 추대되었어요.

08 다음 ㄱ, ㄴ에 들어갈 내용을 알맞게 연결한 것은 무엇인가요? [✎ ④]

> 정도전은 (ㄱ)을 조선의 수도로 추천하고, 왕이 거처하는 궁궐 중 으뜸이 되는 법궁은 (ㄴ)이라고 이름 붙였다.

	ㄱ	ㄴ
①	웅진	근정전
②	평양	경복궁
③	평양	흥인지문
④	한양	경복궁
⑤	한양	근정전

도움말 | 정도전은 한양을 조선의 수도로 추천하였고, 법궁의 이름은 경복궁으로 지었어요.

09 다음에서 설명하는 제도는 무엇인가요? [✎ ③]

> 태종 때 실시한 제도로, 16세 이상 남자에게 일종의 신분증을 차고 다니게 한 제도이다. 이 제도는 세금을 걷고 노동력을 동원하는 데 활용되었다.

① 골품제   ② 과거제
③ 호패법   ④ 노비안검법

도움말 | 태종은 호패법을 실시하여 이를 기준으로 세금을 걷고 노동력을 동원하였어요.

10 다음 중 검색 결과로 알맞지 <u>않은</u> 것은 무엇인가요? [✎ ⑤]

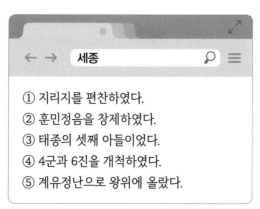

① 지리지를 편찬하였다.
② 훈민정음을 창제하였다.
③ 태종의 셋째 아들이었다.
④ 4군과 6진을 개척하였다.
⑤ 계유정난으로 왕위에 올랐다.

도움말 | ⑤는 세조에 대한 설명이에요.

11 다음 기구들을 만든 인물은 누구인가요? [✎ ③]

> • 혼천의   • 자격루   • 앙부일구

① 곽재우   ② 신숙주
③ 장영실   ④ 정몽주

도움말 | 장영실은 천문을 관측하는 혼천의, 해시계인 앙부일구, 물시계인 자격루 등을 만들었어요.

12 세조에 대한 설명으로 알맞지 <u>않은</u> 것은 무엇인가요? [✎ ①]

① 경연을 활성화하였다.
② 집현전을 폐지하였다.
③『경국대전』의 편찬을 시작하였다.
④ 조카인 단종을 쫓아내고 왕이 되었다.
⑤ 신숙주, 한명회 등을 자기편으로 만들었다.

도움말 | ① 세조는 경연을 폐지하여 국왕에게 권력을 집중하었어요.

13 다음 이야기를 통해 알 수 있는 사실로 알맞은 것은 무엇인가요? [✎ ②]

> 신사임당이 근처 잔칫집에 갔을 때, 그 집의 하녀가 어느 부인의 치맛자락에 국을 흘렸다. 그러자 신사임당이 그 부인의 치마에 싱싱한 포도송이를 그려 넣었는데, 그 포도가 진짜 같아서 사람들이 깜짝 놀랐다.

① 신사임당은 글을 잘 썼다.
② 신사임당은 그림 실력이 뛰어났다.
③ 신사임당은 자녀들을 차별 없이 키웠다.
④ 신사임당은 여성이어서 교육받지 못하였다.
⑤ 신사임당은 결혼 후 작품 활동을 그만 두었다.

도움말 | 제시된 이야기는 신사임당이 그림을 잘 그렸음을 보여 주어요. ①, ③도 신사임당에 해당하는 설명이지만 제시된 이야기로는 알 수 없어요.

14 다음 보기에서 이순신 장군이 승리한 전투를 모두 골라 기호를 쓰세요.

> **보기**
> ㉠ 귀주 대첩 ㉡ 옥포 해전
> ㉢ 관산성 전투 ㉣ 한산도 대첩

✎ ㉡, ㉣

도움말 | ㉠은 고려의 강감찬, ㉢은 백제의 계백과 신라의 김유신이 활약한 전투예요.

15 다음에서 설명하는 인물은 누구인가요?

[✎ ④]

> • 붉은 옷을 입고 다녀 홍의장군이라 불렸다.
> • 정암진 전투를 승리로 이끌었다.

① 견훤 ② 관창
③ 권율 ④ 곽재우

도움말 | '홍의장군'이라 불린 곽재우는 정암진 전투를 승리로 이끌었어요.

16 행주 대첩에 대한 설명으로 알맞지 <u>않은</u> 것은 무엇인가요?

[✎ ①]

① 학익진 전법이 사용되었다.
② 임진왜란 중에 일어난 전투이다.
③ 권율이 이끄는 조선군이 승리하였다.
④ 수도 한양을 되찾는 계기를 마련하였다.
⑤ 신기전, 총통기 등의 화차가 사용되었다.

도움말 | ①은 한산도 대첩에 대한 설명이에요.

17 허난설헌에 대한 설명으로 알맞은 것은 무엇인가요?

[✎ ④]

① 율곡 이이의 어머니이다.
② 허균의 가르침을 받았다.
③ 『난설헌집』을 직접 출간하였다.
④ 「광한전 백옥루 상량문」이라는 글을 썼다.
⑤ 남편의 적극적인 지지로 작품 활동을 하였다.

도움말 | 허난설헌은 8세 때 「광한전 백옥루 상량문」을 써서 주위 사람들을 놀라게 하였어요.

18 다음 가상 인터뷰의 빈칸에 들어갈 서적은 무엇인지 쓰세요.

> **기자** (   )을/를 써서 선조에게 올린 이유는 무엇인가요?
> **이황** 선조께서 성군이 되시기를 바랐기 때문입니다.
> **기자** (   )이/가 어떤 책인지 간단히 소개해 주시겠어요?
> **이황** 성군이 될 수 있는 요령을 10개의 도표와 해설로 표현한 책이지요.

✎ 『성학십도』

도움말 | 이황은 『성학십도』를 선조에게 올렸는데, 이 책은 10개의 도표와 해설로 선조가 성리학을 쉽게 깨우칠 수 있도록 배려하였어요.

19 이이의 주장으로 알맞은 것은 무엇인가요?

[✎ ③]

① 4군과 6진을 개척하자.
② 과거제를 실시하여 관리를 뽑자.
③ 공납을 쌀 등으로 통일해서 걷자.
④ 분조를 만들어 일본군에게 혼란을 주자.
⑤ 6조의 책임자들이 업무 사항을 왕에게 보고하도록 하자.

도움말 | 이이는 방납의 폐단을 시정하기 위해 공납을 쌀 등으로 통일해서 걷자는 대공수미법을 주장하였어요.

20 다음 빈칸에 들어갈 내용으로 알맞은 것은 무엇인가요?

[✎ ①]

> 임진왜란 이후 명나라가 쇠퇴하고 후금이 성장하자, 광해군은 _____

① 중립 외교 정책을 펼쳤다.
② 위화도 회군을 단행하였다.
③ 분조를 이끌고 의병을 모집하였다.
④ 명나라의 군대 파견 요청을 거절하였다.
⑤ 강홍립에게 후금을 적극적으로 공격하라고 명령하였다.

도움말 | 광해군은 성장하는 후금과의 전쟁을 피하기 위해 명나라와 후금 사이에서 중립 외교 정책을 펼쳤어요.

memo

memo